Ihr Hobby

Schleier-kampffische

Rajiv Masillamoni
& Dr. Jürgen Schmidt

INHALTSVERZEICHNIS

© 1998 by bede-Verlag, Bühlfelderweg 12, D-94239 Ruhmannsfelden
E-mail: bede-Verlag@t-online.de; Internet: http://www.bede-verlag
Konzept der Reihe „Ihr Hobby…", Herstellung und Gestaltung: bede-Verlag

Internationaler Betta splendens Club, IBSC:
Frankreich: Marc Maurin, 292 Avenue de Saint Antoine, F-13105 Marseille,
Deutschland: Otto Tempel, Burgstr. 33, D-67157 Wachenheim,
Schweiz: Rajiv Masillamoni, Bennenbodenrain 4, CH-3032 Hinterkappeln.
IBSC-Mitglieder erhalten die Zeitschrift „Betta splendens".
Internationale Gesellschaft für Labyrinthfische, IGL:
IGL-Geschäftsführer: Klaus Frank, Am Haidesand 11, D-96146 Altendorf,
IGL-Kontakt-Schweiz: Alfred Waser, Goldregenweg 8, CH-8400 Winterthur,
CIL-France: Michel Dantec, 35 rue André Malraux, F-41000 Blois,
IGL- oder CIL-Mitglieder erhalten die Zeitschrift „Der Makropode", bzw. „Le Macropode".

Bildnachweis: M.-P. & C. Piednoir/Aqua Press, Aqualife Taiwan, Marc Maurin, Dr. Jürgen Schmidt oder bede-Verlag; sofern nicht anders vermerkt.
Wir danken Aqualife Taiwan und Piednoir/Aqua Press für die Unterstützung.

ISBN: 3-931 792-76-5
bede-Bestellnummer: HO 373

Vorwort

Ein Ausstellungskampffisch mit hellem „Kambodscha"-Körper und gelb-grünen Flossen. Diese Farbe wird als Pastell-gelbgrün bezeichnet. Dieser Fisch zeichnet sich außerdem durch eine sehr schöne Rückenflosse aus. Zucht: Joel Arnette Foto: J. Schmidt

Schon seit über 100 Jahren erfreut sich der Kampffisch großer Popularität. Eine gewisse Zeit hat er sogar zu den beliebtesten Aquarienfischen gezählt. Leider sorgt sein Name oft - vor allem bei Laien - für Verwirrung, denn beim Wort „Kampf" steigt sofort das Bild von blutigen Hunde- und Hahnenkämpfen auf. Daß dem nicht so ist, soll auf den folgenden Seiten dargestellt werden.

Als Fünfjähriger sah ich bei einem Züchter, der verschiedene tropische Fische züchtete, zum ersten Mal einen Schleierkampffisch. Ich verliebte mich sofort in diesen Fisch!
Heute, fast vierzig Jahre später, hat sich an meiner Faszination für die Kampffische noch nichts geändert.
Damals dachte ich, daß dieser Fisch der schönste Fisch der Welt sei. Heute bin

Vorwort

ich der Meinung, daß es viele schöne Aquarienfische gibt. Zudem hat jeder Mensch einen anderen Geschmack - und dies ist auch gut so. Denn nur so werden auch in Zukunft viele Fischarten gepflegt und gezüchtet, und den Aquarianern bleibt eine reiche Auswahl. In erster Linie faszinieren den Betrachter die schillernden Farben und die ungewohnt ästhetische Form der Schleierkampffische. Meistens werden diese Fische gekauft und einzeln in Gesellschaftsaquarien gepflegt. Der Schleierkampffisch bietet jedoch mehr! Wenn er alleine in einem Aquarium gehalten wird, dann patroulliert er stolz in seinem Revier und greift jeden Schatten, einen vermeintlichen Rivalen, sofort an. Wenn man einem Kampffischmännchen einen Spiegel vorhält, zeigt es seine typischen und natürlichen Drohgebärden, denn es kann sein eigenes Spiegelbild nicht von einem Rivalen unterscheiden: Es spreizt seine Flossen, seine Farben werden intensiver - so wirkt es auf seinen Gegner größer und bedrohlicher. In der Natur dient dieses Verhalten dazu, den Gegner einzuschüchtern, ihn in die Flucht zu schlagen, sowie sein Revier zu verteidigen, ohne kämpfen zu müssen. Gibt der Aquarianer jedoch ein Weibchen ins Aquarium, dann kann er das faszinierende Paarungs- und Brutpflegeverhalten dieser Fischart erleben.

Weil die Kampffische seit Jahrhunderten vom Menschen gezüchtet und gepflegt werden, zeigt sich das Erbmaterial des Kampffischs als sehr variabel und es ist möglich, durch gezielte Zucht viel daran zu ändern. Dies haben viele Züchter erkannt und versuchen noch schönere Farben, Muster und Formen zu bekommen. In letzter Zeit finden auch regelmäßig Kampffisch-Ausstellungen in Europa, Japan und den Vereinigten Staaten von Amerika statt. Anläßlich dieser Ausstellungen tauschen Züchter Erfahrungen aus, es wird „gefachsimpelt" und es werden auch Preise für die schönsten Fische verliehen. Ich hoffe, mit diesem Buch das allgemeine Interesse für Kampffische zu wecken, sie beliebter zu machen und daß die Haltung dieser Fischart einem breiteren Aquarianerkreis zugänglich wird.

Rajiv Masillamoni, Hinterkappelen,
Schweiz, im
Februar 1998

Beim Zoofachhändler sind manchmal prächtige und bunte Schleierkampffische zu finden, die sicher vielen Aquarianern gut gefallen, auch wenn diese Fische nicht den höchsten Zuchtzielen entsprechen. Um erste Zuchtversuche zu unternehmen oder zur Pflege von Schleierkampffischen im Gesellschaftsaquarium sind diese Fische ideal. Damit die Unterschiede deutlich werden, zeigen wir Ihnen in diesem Buch Fische von sehr unterschiedlichen Qualitäten.
Hier ein Fisch mit einer guten Symmetrie und der Farbe: Pastell-türkis-rot-multikolor.
Züchter: Rajiv Masillamoni
Foto: Jeevan & Beyhan

Die Geschichte der Kampffische

Die Geschichte unserer Siamesischen Kampffische beginnt in Thailand.
Vor vielen Jahren - vielleicht sogar vor einigen Jahrhunderten - fingen die Thailänder an, Siamesische Kampffische gezielt auf ihre Kampftüchtigkeit hin zu züchten.
Die Thai beobachteten bei diesen Fischen ein Revierverhalten, das heißt jedes Männchen beansprucht eine Ecke des Tümpels - in dem es lebt - für sich, das vorhandene Futter ist sein Eigentum und es paart sich auch mit jedem fortpflanzungsbereiten Weibchen, das in sein Revier hinein schwimmt. Dieses Revier verteidigt es im Kampf unerbittlich gegen andere Männchen.

Hinweis: Zu Beginn der Kampfspiele mit Kampffischen wurden wilde Fische gefangen und gegeneinander im Kampf eingesetzt.

Die Resultate der ersten Kämpfe waren jedoch zu unberechenbar.
Es zeigte sich, daß die Fische leicht zu züchten und durch den Besitz ihres zusätzlichen Atmungsorgans, des Labyrinths, außerdem einfach in der Haltung waren.
Die Menschen im Orient hatten schon in früheren Zeiten eine Vorliebe für Hahnenkämpfe. Thailand, oder das Königreich Siam, wie es damals hieß, machte da keine Ausnahme.
Als Mitte des letzten Jahrhunderts die ersten Europäer dieses märchenhafte Land der Buddhisten, mit ihren prächtigen Tempeln und Palästen und seinen sanften Einwohnern besuchten, war die Haltung von Kampffischen dort schon zu einem Kult, zu einem Lebensstil geworden. Fast jedermann - vom Bettler bis hin zum König - hatte seinen Fischstamm und auf öffentlichen Plätzen wurden Wettkämpfe abgehalten. Die Wetteinsätze waren hoch! Nicht selten wurde das ganze Vermögen oder sogar die Ehefrau verwettet. Die Kampffische wurden zusammen in ein Gefäß gesetzt und vor versammelter Menge ging der Kampf los. Diese Wettstreite dauerten oft Stunden!
Die Kampffische waren der ganze Stolz der Männer und jeder hatte seinen eigenen Stamm und eigene, spezielle Zuchtmethoden. Diese Tips und Tricks wurden vom Vater auf den Sohn übertragen und so über Generationen weitergegeben und verbessert.
Die Menschen hatten eine besondere Beziehung zu Kampffischen. Man nannte sie liebevoll Kinder des Topfes („Pla-

Siamesische Wildkampffische, wie dieses Männchen aus Sam Roy Yod in Thailand, gehörten sicherlich zu den ersten unter menschlicher Obhut gehaltenen Tieren, die keinen Speisezwecken dienten. Auch die Wildkampffische zeigen bereits ein ausgeprägtes Kampfverhalten.
Foto: Schmidt

Der Kampffisch wurde bulliger; er bekam einen kräftigeren Körperbau, einen stärkeren Mund und schärfere Zähne als seine Artgenossen draußen in den Tümpeln.

Der „wilde“ Kampffisch hatte eine dunklere Körperfarbe, war blau-grün mit glänzenden oder irisierenden Schuppen und etwas roter Farbe in den Flossenmembranen zwischen den Strahlen der Schwanz- und der Afterflosse sowie am hinteren Ende der Rückenflosse. Auch ihre Bauchflossen waren rot, mit weißen Spitzen. Diese Farbschattierungen werden je nach Stimmung- oder Situation verstärkt oder gemildert. Auf der Jagd, beim Kampf oder zur Balzzeit ist sie intensiver - Schock- oder Attraktionseffekt -

Oben: *Ein typischer Kämpfer aus Thailand.*
Unten: *Auch bei den Kämpfern gibt es leichte Farbunterschiede. Die Kämpfer werden heute ebenso wie ihre langflossigen Vettern auf Ausstellungen bewertet. Sie sind aber deutlich weniger beliebt. Obwohl diese beiden Fische in der Form den Wildformen ähnlich sind, haben sie vermehrt Glanzschuppen am Körper und die Farben sind nicht mehr blau-türkis, sondern dunkelblau.*
Fotos: Schmidt

kat Lug Moh“), respektive Kinder des Reisfeldes („Plakat Lug Tung“) für die wildlebenden Fische.

Achtung: **Durch die Zucht und Haltung der Kampffische durch den Menschen veränderten sich die Fische.**

***Oben:** Ein kurzflossiger Siamesischer Kampffisch mit Halbmond-Schwanzflosse. Es ist ein Pla-Kat rot, rot-schwarz-Schmetterling. Züchter: Bion*

***Unten Links:** Pla-Kat (Kurzflossen-) Kampffisch, blau-türkis. Beides wunderschöne Exemplare der Kurzflossen-Hochzuchtform. Züchter: Patrick Camerlynch Fotos: Maurin*

Die Farbe des Wildkampffischs auf S. 5 ist multikolor (mehrfarbig) blau-türkis und rot. Beachten Sie bitte, daß der Wildkampffisch nur sehr wenige Glanzschuppen besitzt. Diese Glanzschuppen wurden bei den Zuchtformen vielfach stark vermehrt.

und bei Gefahr verblaßt die Farbe zu einem schmutzigen Grau-braun, was in den schlammigen Pfützen die beste Tarnung bedeutet.

Durch die jahrelange Zucht veränderte sich das Aussehen der Kampffische. Da sie sich nicht mehr in der freien Wildbahn gegen andere Tiere behaupten mußten, wurde die Tarnfarbe überflüssig. Die Flossen wurden farbiger: blau, rot und viele Mischfarben erschienen. Die Kampffische aus dem damaligen Königreich Khmer, dem heutigen Kambodscha, zwischenzeitlich Kampuchea genannt, hatten sogar eine weißlich-gelbe Körperfarbe, mit welcher sie in der Natur nicht lange überleben würden. Im Kampf waren sie den wilden Fischen jedoch durch ihre Ausdauer überlegen, denn diese konnten durchschnittlich nur etwa 15 Minuten kämpfen. Die gezüchteten Formen konnten dahingegen die Kämpfe problemlos über mehrere Stunden überstehen.

Eine weitere Variante des ursprünglich für Wettkämpfe gezüchteten Kampffischs entstand. Dieser Fisch hatte verlängerte Schleierflossen, wirkte dadurch graziler und war schöner anzusehen. Die längeren Flossen machten ihn jedoch schwerfälliger und langsamer - Kriterien, die diese Fische für den Kampf ungeeignet machten. Von diesem Moment an wurde der Schleierkampffisch nur seiner Schönheit wegen gepflegt und gezüchtet.

Dieser Fisch besitzt eine sehr gute Farbe. Die rote Farbe ist fast perfekt, lediglich ein paar stahlblaue Glanzschuppen sind am Körper erkennbar. Dieser Fisch entspricht wegen seiner langen, schmalen Flossen nicht mehr dem modernen Idealbild des Kampffischs. Foto: M.-P. & C. Piednoir

Hinweis: Die Europäer und Amerikaner erachteten den Fischkampf als eine eher unschöne, ja sogar als grausame Angelegenheit.

Von den Fischen, ihren schillernden und bunten Farben, ihrer eleganten Form und ihrer prächtigen Erscheinung waren die Europäer hingegen fasziniert. Bald darauf, das heißt gegen Ende des letzten Jahrhunderts, wurden die ersten Exemplare nach Europa gebracht und später auch weiter nach Amerika.

Aus dem einstigen Kampffisch wurde ein äußerst beliebter Aquarienfisch. Er wurde jedoch weiterhin „Kampffisch“ genannt, obschon er nie für Kämpfe eingesetzt wurde.

Gute echte Kämpfer weisen nach Thailändischen Zuchtzielen möglichst geringe Rotanteile in den Flossenmembranen auf. Farbe blau, mit etwas rot, Rundschwanz. Foto: Schmidt

Sein wissenschaftlicher Name „*Betta splendens*", der prächtige *Betta*, sagt unseres Erachtens mehr über diesen Fisch aus.
Der Name *Betta* der Kampffische wurde von Pieter BLEEKER 1878 für die maulbrütende Art *Betta picta* von der javanesischen Bezeichnung „Wader bettah" abgeleitet. Der Artname *B. splendens* bedeutet glänzend und ist sicherlich angemessen.
Eigentlich dürften wir Aquarianer nur den richtigen Kämpfer („Plakat Lug Moh") Kampffisch nennen und der freilebende Fisch sollte als *Betta splendens*-Wildform bezeichnet werden.
Im umgangsprachlichen Gebrauch und auch in der aquaristischen Amerikanischen Literatur ist manchmal für Kampffische in der Mehrzahl der Begriff „Bettas", also mit einem „S" am Ende zu hören oder zu lesen. Aber auch im Plural muß es sprachlich richtig „*Betta*" gesprochen und geschrieben werden, auch wenn dies zunächst etwas ungewöhnlich erscheint.

Hinweis: Auch wenn von mehreren Kampffischen die Rede ist, muß es beim wissenschaftlichen Namen *Betta* - also ohne S am Ende - lauten.

In den Anfangsjahren der Europäischen Aquaristik wurde unser Schleierkampffisch mit einem anderen, nahe verwandten Kampffisch verwechselt und als *Betta rubra* bezeichnet. Er wurde 1893 von PERUGIA erstmals wissenschaftlich beschrieben. Dieser Fisch ist heute als sogenannter Friedfertiger Kampffisch in der Aquaristik unter seinem Synonym *Betta imbellis* bekannt. Später erkannte der Englische Ichthyologe Charles Tate REGAN, daß es sich um einen anderen Fisch handeln müßte und beschrieb erstmals die Art *Betta splendens*. Diese Erstbeschreibung erschien erst 1910, wie auf seiner Publikation angegeben ist, und nicht schon 1909, was wiederum oft falsch in der Literatur zu finden ist. Allerdings hinterlegte REGAN im Zoologischen Museum in London unterschiedliche konservierte Siamesische Kampffische von verschiedenen Fundorten. Darunter befanden sich auch Exemplare von *Betta rubra*, so daß erst in jüngerer Zeit Klarheit über den Status dieser Arten erreicht wurde.
Durch Verwechslungen und Unkenntnis der vorhandenen wissenschaftlichen Literatur wurden *Betta splendens* zahlreiche weitere ungültige Namen

Betta rubra *wird auch als Friedfertiger Kampffisch bezeichnet. Er kämpft jedoch ähnlich intensiv wie der Siamesische Kampffisch und wird in Malaysia durchaus auch bei Kampfspielen eingesetzt. In der Aquaristik ist diese Art unter dem Namen* Betta imbellis *bekannt. Foto: Schmidt*

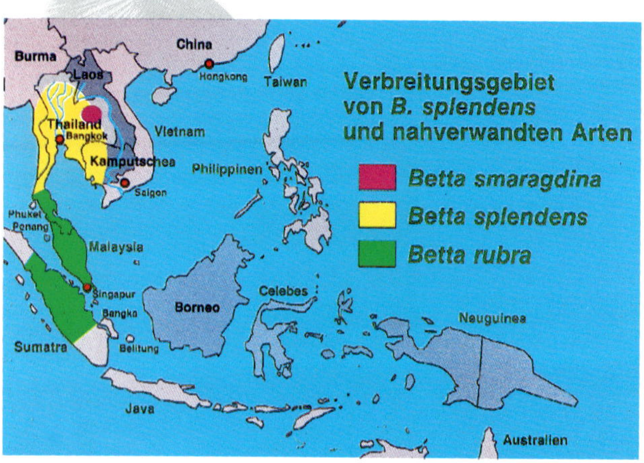

Die Verbreitung der drei nahe verwandten Arten Betta rubra, B. smaragdina *und* B. splendens *in Südostasien. Abbildung: Hans Gonella*

und Synonyme verliehen; diese ohnehin kaum benutzten Namen müssen hier nicht alle aufgezählt werden. Wer sich näher dafür interessiert, der lese dies in der entsprechenden weiterführenden Spezialliteratur nach.

Es sollte aber noch erwähnt werden, daß LADIGES 1972 den bereits erwähnten Friedlichen Kampffisch als *Betta imbellis* neu beschrieb. Da der korrekte alte Name *Betta rubra* für diesen Fisch in der Aquaristik bis 1910 ständig benutzt wurde und danach auch ständig als vermeintliches Synonym in der wissenschaftlichen Literatur Erwähnung fand, kann er nicht als „vergessen" angesehen werden und hat deshalb Gültigkeit. Ja es ist sogar so, daß die Aquarianer bis 1910 sogar meistens den Namen richtig zuordneten und es erst danach zur falschen Verwendung kam. Tatsache ist, daß beide Arten, *Betta splendens* und *Betta rubra*, nahe mit einander verwandt sind. In wissenschaftlichen Experimenten und von Aquarianern wurden die Fische wiederholt gekreuzt und sogar über viele Generationen weitervermehrt. Die Fruchtbarkeit der Bastarde nimmt aber mit jeder Generation ab und etwa ab der fünften oder sechsten Generation gelingt irgendwann auch den versiertesten Züchtern keine Weiterzucht mehr. Dies ist ein weiterer wesentlicher Hinweis darauf, daß es sich trotz der nahen Verwandtschaft um zwei eigenständige „gute" Arten handelt.

Von den etwa 30 weiteren bekannten Kampffischarten soll hier lediglich der 1975 ebenfalls von LADIGES beschriebene *Betta smaragdina* Erwähnung finden, weil auch dieser Kampffisch nahe mit unserem *Betta splendens* verwandt ist. Der Smaragdkampffisch ist aber schon weniger nah mit *Betta splendens* und *Betta rubra* verwandt und obwohl vereinzelt Kreuzungen zwischen den Arten gelangen, konnten diese Bastarde, sowohl mit *Betta splendens* als auch mit *Betta rubra*, bisher noch nie in der zweiten Generation weitervermehrt werden.

Der Smaragdkampffisch, Betta smaragdina, *ist eine weitere nahe mit dem Siamesischen Kampffisch verwandte Art. Foto: Schmidt*

Achtung: Verantwortungsvolle Aquarianer werden auf Kreuzungsexperimente verzichten. Schließlich ist es viel wichtiger, die wertvollen Zuchtstämme rein zu halten und außerdem ist es ja gerade zu vermeiden, daß die Fruchtbarkeit der Stämme zurück geht.

Heute sind neben dem berühmten Siamesischen Kampffisch, *Betta splendens*, wissenschaftlich über 30 weitere Kampffischarten bekannt, von denen sich jedoch nur einige in der Aquaristik durchsetzen konnten. Überraschenderweise betreibt nur ein Teil dieser Kampffische seine Brutpflege am Schaumnest, während die Mehrzahl Maulbrutpflege betreibt.

***Oben:** Schleierform von* Betta rubra. *Diese Form ist durch Einkreuzung von schleierflossigen Siamesischen Kampffischen entstanden.* ***Mitte:** Ediths Kampffisch,* Betta edithae, *ist eine maulbrütende Art.* ***Unten:** Auch Foerschs Kampffisch,* Betta foerschi, *ist ein Maulbrüter, er weist aber auch Eigenschaften der Schaumnestbauer auf. Fotos: Schmidt*

Die Pflege der Kampffische

Der natürliche Lebensraum des Kampffischs sind langsam fließende und stehende Gewässer, wie zum Beispiel Reisfelder und Tümpel. Hier überleben sie sogar Trockenzeiten im feuchten Bodenschlamm. Diese Gewässer sind oft sehr sauerstoffarm, jedoch reich an Stechmückenlarven - der Hauptnahrung der Fische - und anderen kleinen Tieren. Um gut an die Mückenlarven und andere an der Oberfläche schwimmende Beute heranzukommen hat sich der Kampffisch seiner Umgebung perfekt angepaßt. Er hat ein nach oben gerichtetes Maul, um so besser an die Mückenlarven zu gelangen, die an der Wasseroberfläche schwimmen.

Hinweis: **Der Kampffisch besitzt ein zusätzliches Atmungsorgan - das sogenannte Labyrinth -, mit dessen Hilfe er sogar in extrem sauerstoffarmen Pfützen leben kann, indem er an der Wasseroberfläche atmosphärische Luft schöpft.**

Dieses Atemlabyrinth ist quasi ein Hohlraum mit stark durchbluteten Gewebefalten. Es befindet sich im Kopf, oberhalb, hinter den Kiemen. Hier findet der Sauerstoffaustausch durch dünne Gewebemembranen statt. Der Fisch schwimmt an die Wasseroberfläche, schöpft mit dem Maul Luft und diese wird durch das Labyrinth gepreßt und veratmet.

Ganz links: *Paarung beim Friedlichen Kampffisch,* Betta rubra. *Die Fortpflanzung dieser Kampffische ähnelt jener des Siamesischen Kampffischs nahezu völlig. Die herabpurzelnden Eier sind gut zu erkennen. Foto: Piednoir*

Dieses Foto eines typischen Lebensraums von Betta splendens *in Thailand am Kaeng Krachen Dam zeigt, daß der Biotop eher einer feuchten Wiese als einem Gewässer nach unseren Vorstellungen gleicht. Foto: Sonja Donoso-Büchner*

So kann ein schönes Gesellschaftsaquarium für Labyrinthfische aussehen, in dem auch ein Kampffischmännchen mit mehren Weibchen gepflegt werden kann. Foto: Aqualife Taiwan

Achtung: Das Labyrinth befindet sich im Kopf, oberhalb der Kiemen.

Da sich *Betta splendens* atmosphärische Luft zum atmen holt, kann er im Aquarium problemlos ohne Filter und Luftausströmer gepflegt werden. Er überlebt auch in Wasser mit schlechtem Sauerstoffverhältnis, in dem andere durch Kiemen atmende Fische keine Überlebenschance hätten. Wir möchten jedoch betonen, daß sich auch der Kampffisch in einem solchen Wasser nicht wohl fühlt.

Das Kampffischaquarium

Um für den Kampffisch die besten Lebensbedingungen zu schaffen braucht

Für den Transport der Kampffische ist der Luftvorrat im Behälter wichtiger als das Wasser. Hier ein frisch bei Sam Roy Yod gefangenes Kampffischmännchen. Foto: Robert Donoso-Büchner

der Pfleger lediglich ein etwa 50 bis 60 l-Aquarium mit Bodengrund, dicht bepflanzt, jedoch mit genug offenem Schwimmraum.
Es kann ein beliebiger Behälter ausgewählt werden. Nur eine Goldfischkugel oder ein „Einmachglas" sind ungünstig, weil die Kampffische nicht gern im Kreis herum schwimmen und sich deshalb in solch einem Behälter sehr passiv verhalten würden.

Tip: Die üblichen kleinen, mit Silikon geklebten Glasaquarien sind auch ideal für Schleierkampffische.

Auch kleine Kunststoff- oder Plexiglasaquarien sind durchaus für die Kampffischpflege gut geeignet, jedoch verkratzen sie beim Reinigen der Seitenwände sehr leicht und nach einger Zeit sind dann nur noch „trübe Gestalten" im Aquarium erkennbar.

Die Filterung

Auch wenn es nicht unbedingt notwendig ist, kann dennoch eine leichte Filterung installiert werden, welche die Wasseroberfläche in ständiger Bewegung hält, aber ohne Turbulenzen in das Aquarium zu bringen. Dafür sind kleine motorbetriebene Innenfilter ideal. Luftbetriebene Filtersysteme schaffen meist zu viel Unruhe im Aquarium und behindern den Schaumnestbau des Männchens.
Füttern sollten sie die *Betta* zweimal täglich und einmal wöchentlich ist es notwendig, mindestens $^1/_4$ des Wassers zu wechseln. Auch bei regelmäßigen Teilwasserwechseln kann - ja sollte sogar - auf eine Filterung im Kampffischaquarium verzichtet werden.

Die Heizung

Die ideale Wassertemperatur beträgt etwa 24 °C. Diese kann am besten mit einem kleinen, hinter den Aquarienpflanzen versteckten Regelheizstab erreicht werden.

Tip: Die Wassertemperatur darf im Kampffischaquarium durchaus auch etwa zwei Grad über oder unter 24 °C liegen.

Die Wassertemperatur muß regelmäßig kontrolliert werden. Dafür sollte sich ein fest installiertes Aquarienthermometer im Aquarium befinden.

Solche Kampffische aus dem Zoofachhandel weisen meist kleine Fehler auf. So stört der dunkle Streifen in der Schwanzflosse und die Rückenflosse ist zwar größer als oft bei ähnlichen Fischen, aber immer noch zu klein. Es ist jedoch ein schöner Fisch, der trotzdem gut für die Pflege geeignet ist.
Foto: Schmidt

Kampffische springen gerne, was im Aquarium tödliche Folgen haben kann. Vor allem wenn zwei Männchen in einem Aquarium - durch eine Scheibe getrennt - gepflegt werden, muß vermieden werden, daß die Fische darüber springen können. Unten ein Kambodscha-rot-Kampffisch mit zuviel Blau in den Flossen.

Die Abdeckung

Das Aquarium wird am besten mit einer dünnen Glasscheibe zugedeckt, da Kampffische sehr gut springen können und darum durchaus manchmal aus dem Aquarium hüpfen. Außerdem wird die Wasserverdunstung auf diese Weise sehr gemindert.

Tip: Um besser am Aquarium hantieren und die Fische füttern zu können, ist es sinnvoll, die Deckscheibe in mindestens zwei Streifen zu unterteilen.

Mit einem Tropfen Silikon kann zum Beispiel eine Glasmurmel als Griff an die Deckscheibe geklebt werden. So ist es einfacher, das Aquarium zur Fütterung der Fische oder zum Wasserwechsel öffnen zu können.

Fotos: Schmidt

Die Beleuchtung

Um einerseits das Pflanzenwachstum zu fördern und andererseits die prächtigen Farben der Fische richtig zur Geltung zu bringen, empfiehlt sich die Installation einer Beleuchtung.
Der ideale Standort für das Aquarium befindet sich an einem eher schattigen Platz, ohne direkte Sonneneinstrahlung; dies vor allem deshalb, um ein Algenwachstum zu verhindern. Ein bis zwei Stunden Morgensonnenlicht sind allerdings eher nützlich als schädlich.

***Oben, vorn:** Ein roter Kampffisch mit guter Farbe, ein alter Typ des sogenannten* Libby-Betta. *Er entspricht, abgesehen von der schmale Rückenflosse, dem Idealbild der Kampffische der 50er und 60er Jahre.*

Achtung: Direktes Mittagssonnenlicht fördert das Algenwachstum!

Einzelhaltung der Männchen

In einem so vorbereiteten Aquarium pflegen Sie am besten ein Männchen und zwei Weibchen. Sie werden dann bald das Imponiergehabe der Männchen und sein faszinierendes Brutpflegeverhalten beobachten können. Viele Jungfische werden zwar von den Eltern gefressen, aber durch die gute Bepflanzung des Aquariums finden jedoch im-

Ein sehr schöner junger Kampffisch mit breiter Rückenflosse und symmetrischen Schwanz- und Afterflossen. Farbe: Rauchschwarz, mit Grün. Rauchschwarz als Hintergrundfarbe macht diesen Fisch sehr attraktiv und erweitert die möglichen Farbspektren der Kampffische. Züchterin: Christine Fischer Foto l.: Schmidt

mer genügend Jungfische ein gutes Versteck und haben somit bessere Überlebenschancen. Durch regelmäßige Paarungen werden Sie bald viele junge Kampffische in verschiedenen Altersabschnitten haben. Sobald die *Betta* groß genug sind, können sie in ein anderes Aquarium umgesiedelt oder bald verkauft werden.

Achtung: **Die Trennung der Stämme ist notwendig: Aus Platzgründen, aber auch weil sich die jungen Männchen ansonsten bekämpfen und töten würden.**

Solch prächtige Schaukampffische müssen unbedingt einzeln gehalten werden, damit ihr prächtiger Flossenschmuck nicht verletzt wird. Selbstverständlich sind auch diese Kampffische besser in bepflanzten Aquarien als in einfachen Gläsern unterzubringen. Foto: bede

Noch eine Rauchschwarz-Variation. Dieser Fisch ist ein „Schmetterling", so werden Kampffische genannt, deren zwei oder drei verschiedenen Farben in den Flossen gleichmäßig verteilt sind. Bei der Benennung wird mit dem Körper angefangen: Es ist also ein schwarz-rot-schwarz-Schmetterling. Diese Variante wird auch als „Rauch und Feuer"-Schmetterling bezeichnet, es ist eine sehr seltene Farbe. Züchter: Marc Maurin Foto: Maurin

Halten Sie nie zwei erwachsene männliche Kampffische zusammen in einem Aquarium! Auch wenn Ihr Lebensraum - das Aquarium - noch so groß ist, gesunde und vitale Kampffische werden sich immer finden und bekämpfen.
Eine andere Möglichkeit der Kampffischhaltung ist ein langes Aquarium, welches in verschiedene Abteilungen unterteilt ist. In jedem dieser Abteile kann ein Männchen gehalten werden. Diese vorgefertigten Aquarien sind vor allem in Asien populär, man kann aber auch ein langes Aquarium mit den Maßen 100 x 30 x 30 cm mittels drei durchsichtigen, eingeklebten Scheiben in vier Teile teilen. Neben diese durchsichtigen Scheiben montiert man zusätzlich undurchsichtiges Glas, damit sich die Fische nicht ständig sehen, und welches jederzeit zur Beobachtung der Kampffische entfernt werden kann.

Die Ausstellungskampffische

Neben der „normalen" Kampffischhaltung gibt es natürlich auch noch die Zucht von Ausstellungskampffischen. Dieses Hobby ist recht zeitaufwendig, bietet aber - wie bei kaum einer anderen Fischart - die Möglichkeit kreativ zu arbeiten. Und Sie können sich bestimmt die Befriedigung vorstellen, wenn Sie nach jahrelanger Zucht spezielle Stämme mit einzigartigen Farben und Flossen herausgezüchtet haben. Es ist eine ständige Herausforderung, die Stämme gesund, leistungsfähig und optisch schön zu halten oder sie sogar noch zu verbessern.

Tip: Sich an Ausstellungen mit anderen Züchtern zu messen, Erfahrungen auszutauschen, neue Fische mit Spezialformen und neuen Farben zu erhalten - all dies macht den speziellen Reiz der Kampffischhochzucht aus.

Es empfiehlt sich, Mitglied eines Vereins zu werden, dessen Mitglieder sich ausschließlich mit der Hochzucht von Schleierkampffischen beschäftigen. Interessenten aus dem deutsch- oder französischsprachigen Raum Europas treten am besten dem IBSC (International Betta Splendens Club) bei. Der IBSC vereint Kampffischzüchter/-innen

Dies ist ein Fisch mit dunkler Körperfarbe und gelb-braunen Flossen. Auch die Form der Schwanzflosse ist sehr schön, es ist praktisch ein Halbmond. Gelb auf einem dunklen Körper wirkt dann braun-orange, und durch das Türkis im Hintergrund ist dies ein sowohl in der Form wie auch farblich sehr attraktiver Kampffisch. Züchter: Marc Maurin Foto: Maurin

Ein Kampffischmännchen des alten Stils; ein in den 50er und 60er Jahren gezüchteter Typ. Diese Fische werden, nach Frau Libby Young, Libby-Betta genannt. Bei ihnen sollten damals die unpaaren Flossen länger als der Körper sein. Dies ist ein sehr schöner Fisch von blau-türkiser Farbe. Die grüne Farbe hat fast immer Blauanteile. Und je mehr Blauanteile der Fisch besitzt, desto türkiser wirkt er. Türkis und Blau-Türkis wirken demnach für das menschliche Auge fast blau. Foto: Schmidt

Oben: *Farbe blau-türkis.*
Links: *Diese Fische sind multikolor, vorn türkis-rot mit Kambodscha-(hellem) Körper, und hinten grün-rot. Diese beiden hellen Fische sind sehr schöne multikolor der Japanischen Hochzucht. Alle drei Exemplare sind Spitzen-Fische mit symmetrischen schönen Schwanzflossen.*
Züchter o.: Marc Maurin
Foto o.: Maurin
Foto o. l.: K. Tanaka

aus ganz Europa, vor allem aber aus Frankreich, Deutschland, der Schweiz und Großbritannien.

Vierteljährlich erscheint die Clubzeitschrift in deutscher und französischer Sprache. Sie enthält viel Interessantes über Haltung und Zucht von Kampffischen; Züchter bieten erstklassige Ausstellungsfische zum Kauf an; die Resultate der letzten Ausstellungen sind abgedruckt und man weiß so, wo die besten Zuchtlinien zu erwerben sind.

Als Anfänger entscheiden Sie sich am besten für einige wenige Farben und versuchen durch gezielte Zucht einen gleichbleibend guten Stamm zu erhalten. Mit einer Grundfarbe und Kenntnissen der genetischen Farblehre können Sie bereits Fische in verschiedenen Farben züchten. Doch mehr darüber später.

Um mit der Zucht zu beginnen, brauchen Sie ungefähr zwölf Zuchtaquarien, welche auf ein Gestell mit übereinanderliegenden Regalen gestellt wird. Was die Größe der Aquarien angeht, so reichen Aquarium mit den Massen 50 x 30 x 25 cm aus. Auf einem anderen Gestell sollten Sie 50 bis 100 separate 2 l-Behälter zur Verfügung haben. Wir selbst ziehen immer eckige Plastikbehälter den runden Gläsern vor, da die

Bei diesem prächtigen, gegen sein Spiegelbild imponierenden Schau-Kampffisch sind die großen und vorbildlich einfarbig blauen Flossen gut zu erkennen. Farbe: Dunkelblau; diese Farbe ist dunkler als blautürkis und leider nicht reinerbig. Foto: Schmidt

Fische nach unserer Erfahrung in den Aquarien aktiv herumschwimmen, in den Gläsern jedoch viel ruhiger sind und oft über längere Zeit unbeweglich an einem Ort verharren.

Tip: Die Wassertemperatur liegt in den Haltungsbehältern günstigerweise zwischen 22 und 24 °C.

Die einfache Haltungstemperatur kann erreicht werden, indem der Raum genügend beheizt wird oder aber durch aufwärmen der Aquarien und Gläser (bei den Gläsern reicht es, diese auf Heizmatten zu stellen).

Achtung: Beträgt die Wassertemperatur dauerhaft weniger als 22 °C, dann neigen die Kampffische zur Krankheitsanfälligkeit.

Sobald die Männchen groß genug sind, das heißt im Alter von etwa zwei bis drei Monaten, werden sie in Einzelgläser umgesetzt. Für die Weiterzucht behalten Sie nur die besten Männchen, die anderen werden an Zoohandlungen weiterverkauft. Weibliche Fische kann man in Gruppen halten. Jedoch ist es auch hier angebracht, überzählige Exemplare abzugeben.

Die Zuchtmethoden

Was die verschiedenen Zuchtmethoden angeht, würde es den Rahmen dieses Buchs sprengen, auf alles bis ins Detail einzugehen. Grundsätzlich kann gesagt werden, daß erfolgreiche Züchter eine Kombination von Inzucht, Linien- und Fremdzucht anwenden.

Inzucht: Inzucht ist die Kreuzung zwischen Vater und Tochter, Mutter und Sohn, Bruder und Schwester, Großmutter und Enkel respektive Großvater und Enkelin. Diese Kreuzungen gelten als „enge" Inzucht. Paarungen mit Vettern ersten und zweiten Grades sowie mit Halbgeschwistern zählen nicht zur „engen" Inzucht (trotzdem spricht man hier nach wie vor von der Inzucht).

Linienzucht: Dies ist streng genommen auch eine Art der Inzucht. Hier werden zwei oder mehrere Linien mit ursprünglich ähnlichem Genmaterial parallel zu einander geführt.

Fremdzucht: So wird die Kreuzung unter nichtverwandten Tieren genannt. Der Einfachheit halber werden wir in diesem Buch nur auf ein Zuchtsystem eingehen, nämlich das der Linienzucht. Die Linienzucht erachten wir als einfach und dennoch erfolgreich.

Von einem guten Züchter kaufen Sie sich zwei Fischpaare der gleichen Farbe. Es müssen Fische von sehr guter Qualität und aus derselben Brut sein. Diese Fische paaren Sie und halten die Nachkommen über mehrere Generationen getrennt von einander. Sobald eine Linie Degenerationszeichen aufweist (z. B. mangelnde Vitalität, Kleinwüchsigkeit etc.), kreuzen Sie einen Fisch der stärkeren Linie in die schwächere. Da die Fische ursprünglich das gleiche Erbmaterial hatten und sie nach den gleichen Kriterien selektiert wurden, wird sich die schwächere Linie problemlos erholen. Mit der Zuchtlinie kann dann weitergezüchtet werden, bis allenfalls die andere Linie Schwächen zeigt. Werden auf diese Weise drei Linien aufgebaut, kann rein theoretisch immer weiter gezüchtet werden.

Tip: Durch ein solches Zuchtsystem - Kreuzung der besten Fische jeder Linie - wird die Qualität der Fische von Generation zu Generation nachhaltig besser.

Farbe: Dunkelblau; wieder ein sehr schöner dunkelblauer Fisch mit nahezu perfekten Flossen. Um gute und reinerbige Zuchtstämme zu erhalten, müssen die Kampffische zunächst immer mit einem möglichst nahe verwandten Fisch verpaart werden. Züchter: Peter Britt Foto: Jeevan & Beyhan

Wer sich eindringlicher mit den verschieden Zuchtmethoden befassen möchte, dem empfehlen wir das Buch „Ratgeber Kampffische" (ebenfalls im bede-Verlag erschienen).

Ein prächtiges blaues Schau-Kampffischmännchen beim Schaumnestbau. Verantwortungsvolle Kampffischzüchter lassen ihre Männchen die Brutpflege bis zum Ende durchführen, damit es bei den Kampffischen keine Degenerationserscheinungen gibt, wie sie beispielsweise von den Skalaren bekannt geworden sind. Gute Kampffischmännchen sind gute und aufopferungsvolle Brutpfleger - und dies soll auch in Zukunft so bleiben. Deshalb ist eine künstliche Aufzucht grundsätzlich abzulehnen. Farbe: Blau-Türkis. Foto: Piednoir

Kriterien zur Selektion von Kampffischen für die Zucht

Unter guten Lebensbedingungen werden Kampffische im Aquarium zwei bis drei Jahre alt. In der Natur überleben sie selten zwei Regenzeiten, werden also kaum älter als ein Jahr.

Die Männchen eignen sich im Alter von vier bis acht Monaten am besten für die Paarung und Brutpflege. Älteren Männchen fehlt oft die notwendige Energie zur Brutpflege und es kommt nicht selten vor, daß sie die Eier oder gar die Brut auffressen.

Weibchen sind hingegen bis ins hohe Alter fruchtbar und paarungswillig.

Hinweis: Wie bei nahezu allen Fischen unterscheiden wir auch bei den Kampffischen die Rücken-, die Schwanz- und die Afterflosse, sowie je zwei Bauch- und zwei Brustflossen.

Durch die Zucht wird versucht, die Form und Farbe aller Flossen - mit Ausnahme der Brustflossen - zu perfektionieren. Dabei ist aber zu beachten, daß die Schwimmfähigkeit der Fische nicht beeinträchtigt wird. Bei der heutigen Hochzucht richten sich die meisten Züchter nach dem „International Betta Congress"-Standard.

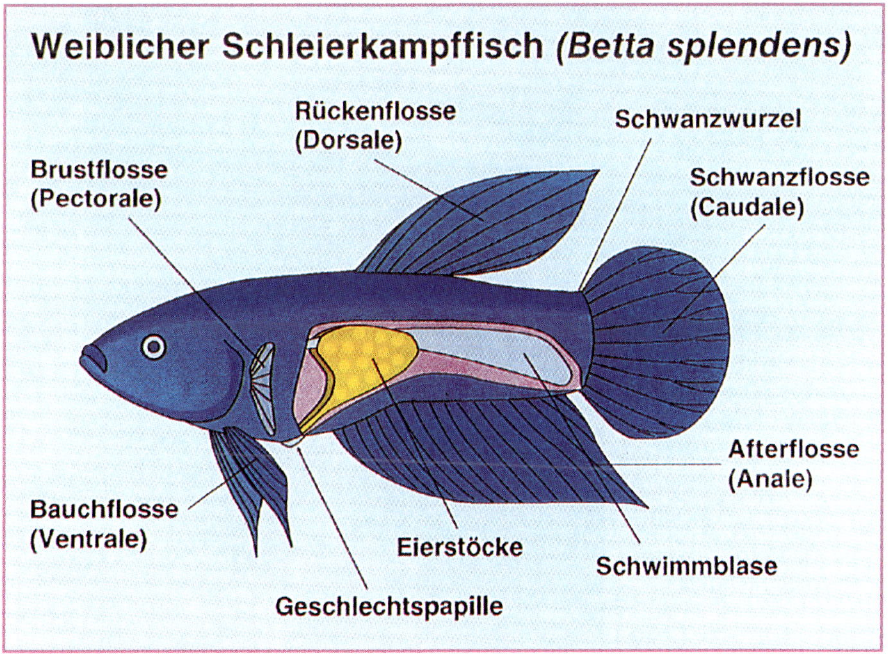

Schema des Körperbaus, der Beflossung und einiger Organe beim Siamesischen Schleierkampffischweibchen, Betta splendens. *Abbildung: Hans Gonella*

Farbe: Dunkeltürkis und Rauchschwarz. Ein Fisch mit einer riesigen Schwanzflosse. Diese Fische sind für den Züchter Cyril Bensaid typisch. Züchter: Cyril Bensaid Foto: Marc Maurin

Der „International Betta Congress", kurz IBC genannt, wurde 1967 gegründet und zählt heute weltweit über 500 Mitglieder, die meisten davon in den Vereinigten Staaten von Amerika. Seit der Gründung des Clubs hat sich die Kampffischzucht hinsichtlich Flossenform und -farbe wesentlich verbessert. So neigten viele Züchter früher dazu, lange Flossen zu züchten. Diese Flossen - vor allem die lange Schwanzflosse - behinderten die Fische aber beim Schwimmen. Heute legt der IBC Standard (auch Amerikanischer Standard genannt) mehr Wert auf Symmetrie, das heißt eine imaginäre Linie - vom Mund durch den Körper gezogen - sollte in der waagerechten Fortsetzung die Schwanzflosse in zwei möglichst gleichgroße Teile teilen.

Tip: Die Rücken-, After- und Bauchflossen werden breiter gezüchtet; anders als bei den meist handelsüblichen Schleierkampffischen, welche lange, schmale Flossen besitzen.

Züchter streben den „Halbmond" an. Bei dieser Form bildet die Schwanzflosse einen Halbkreis - eben einen „Halbmond". Schleierkampffische mit dieser Schwanzform sind begehrt und weisen ein sehr gutes Schwimmverhalten auf. Fische mit solchen Schwanzflossenformen kommen ebenfalls durchaus in der Natur vor, zum Beispiel bei den *Parosphromenus bintan*, in der Aquaristik bisher unter dem Namen *Parosphromenus deissneri* bekannt, auch Prachtguramis genannt.

Bei diesem balzenden Prachtguramimännchen wird deutlich, daß die Halbmondform der Schwanzflosse auch in der Natur verbreitet ist. Der Bintan-Prachtgurami, Parosphromenus bintan, *früher als* P. deisseneri *bekannt, ist ein naher verwandter der Kampffische.*

In den USA wird ein fast perfekter Halbmondkampffisch für 150 bis 300 US$ gehandelt, ein „normaler" Kampffisch hingegen für circa einen Dollar!
Bei der Selektion der Elternfische sollte auf den Winkel des ersten Flossenstrahls der Schwanzflosse geachtet werden.

Tip: Je steiler der Winkel zur Schwanzwurzel steht, um so größer die Chance, einen halbmondähnlichen Fisch zu erhalten. Ideal sind - bei gespreizten Flossen - 180° Spannweite.

Auch der Anzahl der Verzweigungen der Schwanzflossenstrahlen ist Beachtung zu schenken. Hier gilt ebenso: je mehr desto besser. Die Strahlen müssen auch bei Jungfischen sauber auseinander laufen.

Bei diesem stahlblauen Halbmond-Schleierkampffisch ist gut zu sehen, daß er seine prächtigen Flossen auch beim aktiven Schwimmen gut tragen kann. Farbe: Rauchschwarz mit Grün. Züchterin: Christine Fischer Fotos: Schmidt

Die Farben der Kampffische

Das Ziel jedes Kampffischliebhabers ist es, sofort die Farbe eines Fischs bestimmen zu können. Dazu kommt auch das Wissen um die Vererbung dieser verschiedenen Farben.

Die einfachste und wissenschaftlichste Methode zur Aufteilung der Farbe erfolgt nach dem IBC-Standard. Hier werden die Fische nach Körperfarben unterteilt. Grundsätzlich wird zwischen einer dunklen und einer hellen Körperfarbe unterschieden.

Fische mit dunklem Körper verfügen über schwarze Pigmente (Melanine), jenen mit hellem Ton fehlen diese. In Asien werden die hellen Fische „Albino-Kampffische“ genannt. Da sie aber nicht rote sondern schwarze Augen haben, werden sie in Europa und den USA „Kambodscha-Kampffische“ genannt; dies nach ihrem Ursprungsland in Südostasien.

Die dunklen *Betta* werden wiederum in zwei Gruppen geteilt: Die normal bis sehr dunkel pigmentierten und jene mit reduzierter Dunkelpigmentation. Letztere haben eine braune Körperfarbe und werden in Fachkreisen als „blond“ bezeichnet.

Tip: Achten Sie beim nächsten Kampffisch - den Sie sehen - auf seine Körperfarbe: er wird entweder dunkel, braun oder hell, das heißt gelb bis rosafarben sein.

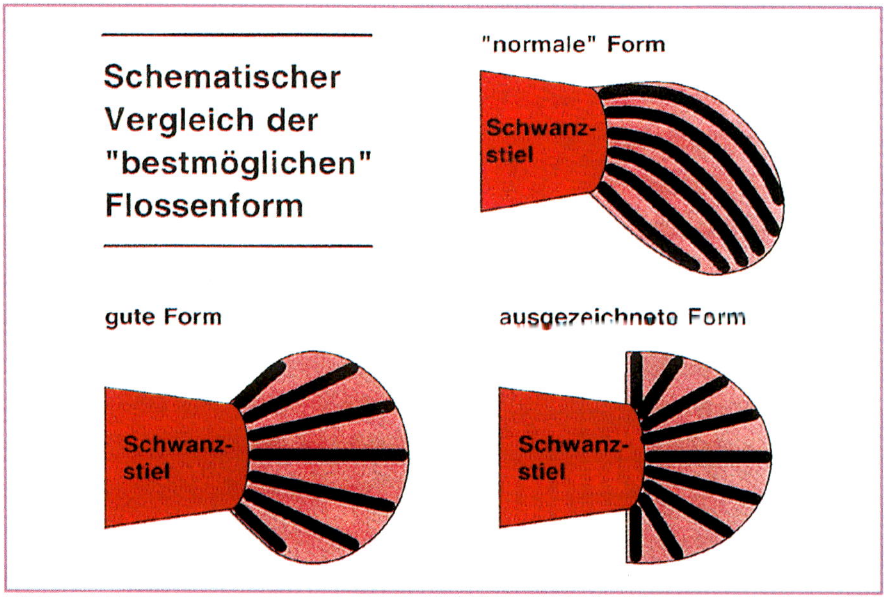

Vergleich der unterschiedlichen Flossenformen der „Schleierkampffischmännchen“. Die eigentliche Schleierform ist heute kein Zuchtziel mehr, hingegen wird die Halbmondform heute als ideales Zuchtziel betrachtet. Abbildung: Hans Gonella

Ein herrlicher blauer Kampffisch, der dem Idealbild sehr nahe kommt. Bei dem Zuchtziel der perfekten Farbe bei Kampffischen scheint es bis jetzt unmöglich zu sein, auch den Kopf mit Farbe zu bedecken. Der Kopfbereich bleibt immer schwarz, braun oder kambodscha-farbig. Bei einem solchen dunklen Blau-Türkis muß jeder Preisrichter zweimal schauen, um zu bemerken, daß der Fisch wirklich nicht dunkelblau ist. Züchter: Peter Göttner Foto: Peter Göttner

Die Grundfarben der Kampffische sind rot, gelb, schwarz, grün, türkis, blau, stahlblau und weiß. Diese Farben können auch gemischt werden, was rotgrün, rotblau, rotstahlblau und andere hervorbringt. Weitere Farbtöne sind: pink, violett, orange und cremefarben. Die gleiche Farbe variiert je nach Körpergrundfarbe des Fischs.
Weitere Farbvarianten:
bicolor: einheitliche Körperfarbe, die Flossen aber andersfarbig,
butterfly/Schmetterling: gemustert, die Flosse ist zwei- oder mehrfarbig,
marble/marmoriert: mit Farbflecken und farblosen Bereichen im Körper und in den Flossen.

Am besten besuchen Sie einmal eine Ausstellung des IBSC, um diese vielen verschiedenen Farbvarianten und Farbnuancen selbst einmal sehen und unterscheiden zu können.

Die Vererbung der Farben

Die Farbe rot vererbt sich dominant über gelb. Blau, grün, türkis und stahlblau dominant über schwarz.
Dominant bedeutet, daß sich von zwei Merkmalen eines durchsetzt, das heißt sichtbar ist, das andere jedoch unterdrückt, also unsichtbar wird. Wenn Sie zum Beispiel einen dunklen Fisch mit einem hellen kreuzen, werden die Nachkommen dunkler Körperfarbe

Die Farbe dieses Fischs ist marble oder marmoriert. Bei dieser Variante gibt es Farbflecken am Körper und an den Flossen. Diese Marble-Variante wurde in den 70er Jahren in Amerika erzielt und ist bis heute bei den Fachleuten beliebt. Züchter: Cyril Bensaid Foto: Marc Maurin

sein. Paaren Sie diese Fische nun wieder untereinander, werden 25 % hell, 75 % jedoch dunkel werden. Dies wird das Mendelsche Gesetz genannt (nach seinem Entdecker, dem Mönch Gregor MENDEL).

Aus Paarungen zwischen zwei blauen Fischen gehen circa 50 % blaue, 25 % grün/türkise und 25 % stahlblaue Nachkommen hervor.

Paaren Sie grün und stahlblau, so ergibt dies blaue Fische.

Paarungen zwischen zwei Fischen gleicher Farbe (ausgenommen die oben erwähnten Varianten) ergeben, wenn die Fische reinerbig sind, wiederum die Farbe der Eltern.

Die Flossen

Bei den Kampffischen gibt es drei verschiedene Formen (Schläge), welche nach der Schwanzflosse unterschieden werden:

1. kurzflossige Schwanzflosse,
2. langflossige Schwanzflosse,
3. doppelschwänzige Flosse

Paarungen zwischen reinerbig langflossigen und kurzflossigen, oder Fischen mit Doppelschwänzen ergeben immer langflossige Fische.

Die deutschen und wissenschaftlichen Namen der Flossen sind der Abbildung auf der Seite 22 zu entnehmen. Diese Namen sind für Männchen und Weibchen gleich und gelten für alle Fischarten.

Farbe: Multikolor-Rot-Türkis mit hellem (Kambodscha-) Körper. Die Fische von Peter Göttner zeigen immer eine breite Rückenflosse. Auch gerade verlaufende erste und letzte Flossenstrahlen der Schwanzflosse - wie bei diesem Fisch - sind immer wünschenswert. Züchter: Peter Göttner Foto: Göttner

Die richtige Ernährung

Die Wasserqualität und die Ernährung sind zwei sehr wichtige Faktoren, welche die Gesundheit der Fische beeinflussen. Eine ausgewogene Ernährung kann den Widerstand gegen Krankheiten wesentlich steigern.

Kampffische sind Raubfische. In der freien Natur ernähren sie sich von Insekten, ihren Larven und sogar von kleineren Fischen. Der Kampffisch hat ein nach oben gerichtetes oder - wie in der Fachsprache genannt - ein oberständiges Maul. Dies ermöglicht ihm das Fressen von verschiedenen Insekten und Fliegen, die auf der Wasseroberfläche schwimmen.

Hinweis: Vor allem ernähren sich Kampffische von Stechmückenlarven.

Weiße Mückenlarven oder „Glasstäbchen" sind ein hervorragendes Futter für Kampffische. Foto: Schmidt

Kampffische müssen abwechslungsreich ernährt werden. Am besten ist lebendes Futter, wie zum Beispiel Wasserflöhe, Hüpferlinge, Schwarze, Weiße und Rote Mückenlarven und andere. Dieses Lebendfutter ist im Fachhandel erhältlich. Mit einer solch vielseitigen Fütterung werden Sie gesunde, vitale und paarungsbereite Kampffische haben. Sollten Sie kein Lebendfutter zur Verfügung haben (leider wird es nicht überall angeboten), können Sie die oben erwähnten Futtersorten auch tiefgefroren kaufen. Hier sind auch noch die Salinenkrebschen, *Artemia salina*, zu erwähnen, welche leicht aus Dauereiern ausgebrütet werden können und als große Exemplare meist auch tiefgefroren angeboten werden.
Es gibt auch gefriergetrocknetes Futter (*Artemia*, *Cyclops*, *Daphnia*, *Gammarus* und *Tubifex*).
Gelegentlich empfiehlt sich außerdem die Fütterung mit Trockenfutter und Enchyträen. Zuchtansätze für Enchyträen (eine weiße Wurmfamilie) werden gelegentlich in Fachzeitschriften angeboten. Diese Würmer sind sehr fetthaltig und dürfen darum nicht häufiger als einmal wöchentlich an die Kampffische verfüttert werden.
Der Bachröhrenwurm, bekannter unter seinem wissenschaftlichen Namen *Tubifex tubifex*, eignet sich ebenfalls ausgezeichnet als Futter. Da er aber oft aus chemisch oder schwermetallbelasteten Gewässern stammt, darf er höchstens einmal alle zwei Wochen oder noch seltener verwendet werden.

Viele Züchter füttern ihre Fische zusätzlich mit Rinderherz, Leber und selbst hergestellten Futtermitteln. Doch sind diese Ersatzstoffe - vor allem wegen ihrer Fetthaltigkeit - nicht unumstritten und eine Vitaminisierung dieser Futtersorten ist unbedingt erforderlich.
Was die Häufigkeit der Fütterungen angeht, so variiert dies von Züchter zu Züchter. Ideal wären drei kleine Portionen pro Tag, zweimal am Tag wäre ein Kompromiß; bei abwechslungsreicher Fütterung reicht es aber auch nur einmal täglich.

Achtung: **Sehr wichtig ist es, die Kampffische nicht zu überfüttern, denn dies führt zu Verfettung und Sterilität sowie einer viel niedrigeren Lebenserwartung.**

Kampffische können - entgegen der Meinung in einigen Fachbüchern, die eine durchschnittliche Lebenserwartung von neun Monaten angeben - zwei bis drei Jahre alt werden. Dies setzt jedoch eine ausgewogene Ernährung voraus.

Tip: **Bei erwachsenen Kampffischen kann sinnvollerweise auch gut einmal in der Woche ein Fastentag eingeschaltet werden.**

Auch ein bis zu zweiwöchiger Urlaub ohne Fütterung der Fische ist im Prinzip kein Problem, da sie über genügend Fettreserven verfügen. Auch in der Natur sind längere Hungerperioden keine Seltenheit. Dies ist allemal besser, als

Zwei Halbmond-Multikolor-Fische in perfekter Form, besser geht es fast nicht mehr. Alle Flossen sind breit und auch die Farben sind wunderschön. Züchter: Göttner Foto: Göttner

wenn eine „gutmeinende“ Urlaubsvertretung viel zu viel füttert und schließlich das Wasser in den kleinen Aufzuchtbehältern zu sehr belastet ist. Jungfische müssen unbedingt mindestens zweimal täglich gefüttert werden. Am besten eignen sich Salinenkrebschen und Mikrowürmer sowie Flockenfutterstaub als Jungfischfutter.

Achtung: Auch für Jungfische gilt: nicht überfüttern!

Für alle Altersstufen gilt, daß Futterreste im Aquarium abgesaugt werden müssen, weil diese das Wasser verunreinigen. Werden Futterreste nicht entfernt, dann vermehren sich in der Folge Bakterien und Krankheitskeime entstehen. Die Gefahr die von verschmähtem Futter ausgeht, das dann im Aquarium verdirbt und das Wasser belastet, besteht vor allem bei einer Überfütterung der Kampffische. Füttern Sie nie mehr, als innerhalb weniger Minuten verzehrt wird!

Das direkte Gegenteil zu den auf Seite 33 abgebildeten Fischen. Der Fisch besitzt eine sehr schlechte Schwanzflosse, aber eine interessante Farbe. Mit Fischen, die solche Flossen aufweisen, sollten Sie aber trotz der Farben nicht züchten. Foto: Schmidt

Die Wasserqualität

Was die Beschaffenheit des Wassers angeht, so sind Kampffische sehr bescheiden. Weder der Säuregehalt (*Betta* können in Wasser mit einem pH-Wert zwischen 5,5 und 8,5 gehalten werden) noch die Wasserhärte (etwa 2 bis 25 °dGH) spielen eine große Rolle. Sehr wichtig ist jedoch ein regelmäßiger Wasserwechsel, um den Schadstoffgehalt, entstanden durch Verunreinigung des Wassers, so niedrig wie möglich zu halten. In der Natur sorgt die Strömung für die Säuberung des Wasser von Kot, Urin und Mulm - im Aquarium muß dies der Aquarianer übernehmen.

Achtung: Ein regelmäßiger Wasserwechsel ist eine der wichtigsten Maßnahmen zur Gesundhaltung der Fische!

Das Wasser der Fischbrut in den Zuchtaquarien muß mindestens zweimal wöchentlich zu 25 % erneuert werden. Dies gilt ebenfalls, wenn Weibchen in den Aquarien gehalten werden oder bei der Haltung von einzelnen Kampffischen in kleinen zehn bis 15 Liter-Aquarien.

Bei kleineren Aquarien mit geringerem Fassungsvermögen muß das Wasser, je nach Fütterung, zwei- bis dreimal pro Woche gewechselt werden. Bei diesen kleineren Behältern ist jeweils etwa 90 % des Wasser auszuwechseln.

Prinzipiell gilt: Das neue Wasser muß die gleiche Beschaffenheit (d. h. vor allem pH-Wert, Wasserhärte und Temperatur) wie das zu wechselnde Wasser haben und der Temperaturunterschied darf nicht mehr als 2° Celsius betragen.

Dies ist ein Blau-Türkis-Kampffisch, wie er in den 80er Jahren gezüchtet wurde. Er stellte den Idealtyp jener Zeit dar. Er hat eine gute Farbe sowie eine wunderschön breite Rückenflosse, eine schöne Afterflosse und auch die runde Schanzflosse war damals nahezu optimal. Züchter: Peter Göttner Foto: Göttner

Auf diesen beiden Seiten ist gut ein Vergleich eines relativ schlechten Fischs mit einem fast perfekten Kampffisch - jeweils aus den 80er Jahren - zu ziehen.

Krankheiten der Kampffische

Der Kampffisch ist in der Regel ein recht robuster Fisch. Bei richtiger Haltung, das heißt einer ausgewogenen Fütterung und regelmäßigem Wasserwechsel, bleibt er normalerweise gesund.

Bei schlechter Wasserqualität, vor allem hervorgerufen durch ungenügende Wasserwechsel, kann der *Betta* an *Oodinium* erkranken. Erste Anzeichen dieser Krankheit sind Unruhe, gestörte Schwimmbewegungen und Flossenklemmen. Wer seine Fische täglich beobachtet, der wird die erwähnten Veränderungen sofort bemerken. Betrachten Sie diesen Fisch unter der Lupe, dann ist ein feiner weißer Belag, bestehend aus einzelnen winzigen Punkten, auf Haut und Flossen zu erkennen. Erkrankte Fische erholen sich normalerweise relativ schnell, wenn sie mit handelsüblichen Mitteln gegen *Oodinium pillularis* behandelt werden.

Durch schlecht verheilte Verletzungen (z. B. Bißwunden) können Pilzerkrankungen auftreten. Die Fäden dieser Pilze und parasitischen Algen sind oft mit bloßem Auge zu erkennen. Pilzbefall kann ebenfalls mit handelsüblichen Mitteln bekämpft werden.

Achtung: **Bei durch Kot, Urin und Futterresten verunreinigtem Wasser kann es zu einer starken Vermehrung von Fäulnisbakterien kommen. Diese Bakterien greifen die Flossen an, welche dann wund und blutig werden.**

Diese einmal entstandene Flossenfäulnis ist dann sehr ansteckend und ziemlich hartnäckig in der Behandlung. Mit speziellen Mitteln (ebenfalls im Fachhandel) und Antibiotika sowie Furanen kann jedoch auch diese Krankheit bekämpft werden.

Damit durch neue Fische keine Krankheitskeime eingeschleppt werden, müssen diese Tiere während zwei bis drei Wochen, abgesondert von der restlichen Zucht, in einer Art Quarantänestation gehalten werden.

Bei der Verabreichung von Medikamenten muß unbedingt die angegebene Dosierung eingehalten werden, da Überdosierungen zu starken Nebenwirkungen oder sogar zum Tod führen können.

Tip: **Es ist ebenfalls nicht ratsam, Medikamente als Prophylaxe an gesunde Fische zu verabreichen. Dies führt nämlich dazu, daß Krankheitskeime resistent werden und somit später gegebenenfalls schwerer zu bekämpfen sind.**

Die meisten anderen Fischkrankheiten sind bei Schleierkampffischen selten.

Kauf eines Kampffischs

Viele Leser dieses Buchs werden sich früher oder später einen Kampffisch kaufen wollen. Dazu setzen Sie sich am besten direkt mit einem Kampffischzüchterverein in Verbindung. In Europa gibt es nur einen solchen Verein, den International Betta Splendens Club (IBSC, Anschrift vorn im Buch).

Farbe: Rot. Ein sehr schöner Fisch mit guter Farbe und Form. Hier ist neben dem Rot keine andere Farbe erkennbar. Die Körperfarbe ist blond (braun). Züchter: Joel Arnette Foto: Maurin

Der IBSC wird Ihnen die Adresse eines Züchters in Ihrer Nähe nennen, den Sie persönlich aufsuchen können. So erfahren Sie am meisten über die Haltung und Zucht von Kampffischen.
Normalerweise sind Fische direkt vom Züchter etwas teurer als diejenigen im Zoohandel. Dafür ist die Qualität aber auch wesentlich besser. Zudem steht Ihnen ein guter Züchter auch mit Rat und Tat zur Seite, wenn Sie Probleme oder Fragen haben.
Wer keinen Züchter aufsuchen kann oder will, der kann sich seine Kampffische natürlich auch im Aquariengeschäft oder Zoohandel kaufen. Kampffischmännchen sind im Allgemeinen beliebter (durch ihr schöneres Aussehen) als Weibchen. Für den Kauf beider Geschlechter gelten jedoch die gleichen Kriterien.
Nehmen Sie sich einen kleinen Spiegel mit, wenn Sie Kampffische im Fachhandel erwerben wollen.

Tip: **Achten Sie als erstes auf das Verhalten der Kampffische.**

Im Gesellschaftsaquarium muß das Kampffischmännchen aktiv herumschwimmen. In kleineren Aquarium sind die Fische etwas langsamer, dies aufgrund der schlechteren Wasserqualität oder wegen Platzmangels. Sind die Fische aber ungewöhnlich ruhig, ist Vorsicht geboten. Fehlende Aktivität kann auf Krankheiten, Alter oder einfach nur auf einen überfälligen Wasserwechsel hindeuten.

Tip: **Finger weg von passiven Fischen!**

Aktiven Fischen halten Sie - ohne die Tiere mit ruckartigen Bewegungen zu erschrecken - einen Spiegel vor. Jedes gesunde Männchen muß in diesem Fall seine Flossen und Kiemendeckel abspreizen und sein Spiegelbild bedrohen. Wenn der Fisch diese Drohgebärde macht, dann können Sie ihn am besten begutachten und seinen Zustand beurteilen.

Tip: **Achten Sie auf das Schwimmverhalten des Kampffischs.**

Ist der *Betta* aufgeregt, dann sollte seine Schwanzflosse weit geöffnet und aufgerichtet sein. Kann der Kampffisch seine Flosse nicht aufrecht halten und hat er Mühe zu schwimmen, dann wird sich dieser Zustand mit zunehmendem Alter noch verschlimmern. Dieser Fisch wird später vielleicht einmal nur noch in einer Ecke des Aquariums verharren und dem Pfleger wenig Freude bereiten.
In diesem Zustand - der gespreizten Flossen - kann auch die Verteilung und die Intensität der Farben am besten beurteilt und mit anderen Fischen verglichen werden.

Achtung: **Beachten Sie auch den Körperbau des Fischs. Er darf weder zu dick noch zu dünn erscheinen.**

Der Kopflinie ist ebenfalls Beachtung zu schenken. Diese muß schön regelmäßig

Zwei Doppelschwanzfische. Die rote Farbe ist gut, aber die Schwanzflossenlappen müßten größer sein. Foto: Aqualife Taiwan

abfallen, ohne einen Buckel aufzuweisen. Manche *Betta* haben einen sogenannten Buckelkopf. Dies ist eigentlich nicht schlimm, doch die Fische wirken dadurch weniger ästhetisch als mit einer schön geschwungen abfallenden Kopflinie.

Die Distanz zwischen dem Rückenflossenansatz und der Schwanzflosse ist ebenfalls ein wichtiges Merkmal. Alle Fische können zwar weitgehend normal schwimmen; dennoch ist ein zu kurzer Abstand eine Verkrüppelung und wird dadurch als schwerwiegender Schönheitsfehler angesehen.

Ein weiterer Faktor ist die Länge der Flossen im Vergleich zur Körpergröße. Ist der Körper zu groß, dann wirkt der Fisch schwerfällig, ist er hingegen zu klein, dann scheint er von den Flossen „erschlagen" zu werden.

Am besten ist es, wenn Sie den *Betta* von oben betrachten - so erkennen Sie gebogene Rücken, Buckelköpfe, verkürzte Rückenpartien und anderes am besten. Diese „Mißbildungen" werden an die Nachkommen weitervererbt und sind Merkmale, die in späteren Generationen kaum mehr oder nur schwer zu eliminieren sind. Aus diesem Grund dürfen solche Fische nicht zur Zucht verwendet werden.

Hinweis: Den Flossen ist ebenfalls spezielle Beachtung zu schenken.

Die Flossen müssen ohne Löcher und Risse sein. Löcher deuten auf bakterielle Infektionen hin, welche meist durch verschmutztes Wasser verursacht werden.

Durch Kämpfe zwischen den Fischen oder bei der Paarung kann es zu Rissen in den Flossen kommen. Diese heilen zwar wieder, es bleiben aber oft unschöne Narben zurück.
Die Flossen können auch Knoten, Verwachsungen und Verdrehungen aufweisen. Diese treten auch an Bauch-, Rükken- und Afterflossen auf und vermindern ebenfalls die Schönheit des *Betta*.

Tip: Durch gezielte Zucht ist es möglich, Fehlbildungen auszumerzen.

Bei manchen Fischen ist nur die Bauchflosse mißgebildet, sie ist zu kurz oder fehlt gänzlich. Auch solche Fische dürfen nicht zur Zucht verwendet werden.
Kampffische mit zu langen Schleierflossen haben Schwimmschwierigkeiten. Sie können den Körper nicht gerade halten, das heißt daß die Schwanzflosse den Fisch nach unten zieht. Im Allgemeinen ist es deshalb sicher besser, einen *Betta* mit breiter Schwanzflosse auszusuchen.
Bei weiblichen *Betta* sind die Kriterien ähnlich wie bei den Männchen, nur daß durch die kleinere Fläche der Flossen eventuell vorhandene Fehler schwieriger zu erkennen sind.
Weibchen, welche Sie zur Paarung ansetzen wollen, müssen im Bauchbereich etwas dicker als die Männchen sein und die Laichpapille, auch Eipunkt genannt (das ist ein weißer Punkt zwischen der Bauch- und Afterflosse) muß gut sichtbar sein.

Farbe: Kambodscha-Körper und Türkis-Flossen. Dieses Weibchen zeigt eine sehr saubere gelbweiße Körperfarbe. Bei Kambodscha-Fischen wird ein sauberer Körper angestrebt, aber selten erreicht. Fische mit der Flossenfarbe auf dem Körper werden in der Fachsprache Pastellfische genannt. Züchter: Patrick Camerlynch Foto: Maurin

Farbe: Kambodscha. Ein kurzflossiges Multikolor-Männchen. Foto o.: K. Tanaka

Ein wunderschöner Halbmond: Grün-Rot, Grün-Weiß-Schmetterling. Die Körperform und die Flossen sind bei diesem Fisch perfekt. Dieses perfekte Schmetterlingsmuster ist sehr schwer zu züchten. Außerdem trägt dieser Fisch seine Flossen besonders gut. Züchter: Cyril Bensaid Foto r.: Maurin

Die Paarung von Kampffischen

Zuerst müssen Sie sich im klaren darüber sein, warum Sie Kampffische paaren wollen. Wenn es lediglich darum geht, das Paarungsritual der *Betta* kennenzulernen, die Brutpflege zu beobachten und bei der Aufzucht der Jungfische dabei zu sein, dann genügt es völlig, zwei gesunde Fische aus dem Zoohandel zu holen und diese miteinander zu verpaaren.
Haben Sie sich aber höhere Ziele gesteckt; möchten Sie einen schönen Stamm aufbauen? Dann müssen Sie sich zuvor gut informieren. Definieren sie für sich, was für eine Form und welche Farbe sie erreichen wollen und seien Sie bereit, anfangs täglich eine gewisse Zeit für Ihr neues Hobby aufzubringen. Sie sollten ebenfalls etwa acht bis zwölf 40 bis 50 Liter-Aquarium zur Verfügung haben. Wie bereits zuvor in diesem Buch erwähnt, ist das Ausgangsmaterial für eine erfolgreiche Zucht sehr wichtig. Natürlich kann auch mit qualitativ schlechteren Fischen begonnen werden, dies bedeutet jedoch, daß viel mehr Zeit und Arbeit investiert werden muß, um einen guten Stamm herauszuzüchten. Es ist daher einfacher, sich von einem erfahrenen, seriösen Züchter zwei Paare oder zwei Männchen und vier Weibchen zu kaufen.
Wählen Sie die Fische sorgfältig aus, bevor Sie sie zur Paarung ansetzen. Vergessen Sie nicht, daß Sie mit der ersten Paarung der Tiere den Werdegang der Kampffische in der Zukunft beeinflussen. Züchter, die nach Ihnen kommen, werden vielleicht mit den Nachkommen Ihrer Fische in der ganzen Welt arbeiten.

Ein ziemlich schöner Doppelschwanz-Kampffisch mit einer sehr guten Türkisfarbe. Der obere Schwanzflossenlappen muß aber genauso schön und groß sein wie der untere. Auch der Spalt zwischen der bieden Lappen muß bis zur Schwanzflossenwurzel verlaufen. Foto: K. Tanaka

Halbmond Orange, eine sehr seltene Farbe. Dieser Fisch hat Stahlblau und durchsichtige Farbe auf den Flossen, die unerwünscht sind. Trotzdem ein sehr schöner Fisch. Züchter: Rajiv Masillamoni Foto: Maurin

Die Aquariumgröße

In Thailand, Sri Lanka und anderen Asiatischen Ländern, in denen die Zucht von tropischen Fischen Tradition hat, werden Kampffische in Tontöpfen gezüchtet. Der Inhalt dieser Töpfe beträgt kaum mehr als zwei Liter. Sobald die Jungen frei schwimmend sind, werden sie in Teiche oder größere Aufzuchtbecken ausgesetzt und dort großgezogen.

Theoretisch können Kampffische in fast jedem kleinen Behälter gezüchtet werden. In Europa und Amerika benutzen die meisten Liebhaber jedoch größere Glasbehälter. Vollglasaquarien bieten die Möglichkeit, das ganze Geschehen zu beobachten und bei möglicherweise auftretenden Problemen (welche jederzeit unvermutet auftauchen können) sofort eingreifen zu können. Ein Eingreifen des Züchters kann oft die ganze Brut retten oder auch eine Paarung erst ermöglichen.

Wir persönlich benutzen 40 bis 60 Liter-Aquarien, obwohl viele Züchter Aquarien mit 20 Liter Inhalt bevorzugen. Diese Aquarianer sind der Ansicht, daß größere Aquarien weitläufiger sind und sich die Kampffischpaare aus dem Weg gehen können und somit das Interesse an der Paarung verlieren können. Dieses Argument mag auch manchmal stimmen. Wir sind aber davon über-

Oben: *Kampffische sollten nicht in runden Gläsern gehalten werden, denn darin fühlen sich die Fische nicht wohl. Außerdem verzerrt das runde Glas den Blick auf die schönen Fische, wie an diesem Bild gut zu erkennen ist. Eine schöne Halbmond-schmetterling-Variante, „stripetail" oder gestreifter Schmetterling genannt. Solche Fische erscheinen manchmal, bei der Zucht in Schmetterling-Stämmen. Züchter: Rajiv Masillamoni Foto: M. Abeywickreme*

Rechts: *Ein Kambodscha-Türkis-Weibchen mit schönen breiten Flossen. Züchter: Göttner Foto: P. Göttner*

zeugt, daß sich paarungswillige Fische in einer ihnen angenehmen Umgebung von selber finden und sich paaren. Werden die Fische so eng beieinander gehalten, daß sie sich nicht aus dem Weg gehen können und es nur aus diesem Grund zur Paarung kommt, so stimmt etwas nicht.

Werden die *Betta* in zu engen Behältern verpaart, dann besteht bei einem ner-

vösen oder aggressiven Männchen die Gefahr, daß es sich durch das Weibchen irritiert fühlt, es angreift und verletzt oder sogar tötet. Manche Männchen dulden auch während der Herstellung des Schaumnests kein Weibchen in ihrer Nähe. Ein größeres Aquarium bietet in diesen Momenten genug Platz für die Bedürfnisse beider Geschlechter.

Werden durch die Paarung viele Jungfische hervorgebracht, dann haben sie in größeren Aquarien mehr Platz und eine bessere Wasserqualität zur Verfügung. Die Gefahr der Wasserverschmutzung durch Überfütterung (welche zum Tod der Brut oder im besten Falle nur zur Wachstumsverlangsamung führt) ist hier ebenfalls viel geringer.

Jeder Züchter bevorzugt aber eine andere Aquariumgröße und hat seine eigene Methode, die Brut aufzuziehen. Schlußendlich muß jeder für sich die beste Variante herausfinden und entwickeln.

Die Wassertemperatur

Forschungsergebnisse in Amerika haben gezeigt, daß 80° Fahrenheit (26,6° Celsius) die ideale Temperatur ist. Bei dieser Wassertemperatur haben im Experiment mehr Männchen ein Schaumnest gebaut als bei jeder anderen Temperatur. Dementsprechend versuchen die amerikanischen Züchter die Wassertemperatur in dieser Höhe zu halten.

Ich (R. M.) habe einmal im Teich meines Gartens in Sri Lanka während 24 Stunden die Temperatur gemessen und festgestellt, daß diese während eines

Ein interessanter Doppelschwanz-Kampffisch mit blauer Farbe, bei gelb-brauner Grundfarbe. Der obere Schwanzflossenlappen ist zu schmal und auch die Afterflosse ist viel zu schmal. Aber dieser Fisch zeigt die Vielfalt der Kampffischfarben. Foto: Aqualife, Taiwan

Tages zwischen 18 °C und 30 °C variiert. Der Züchter braucht sich deshalb nicht stur an diese 26,6 °C halten, denn die Paarungswilligkeit wird von mehr Faktoren beeinflußt, als nur der Wasserwärme. Ein Bereich zwischen 22 °C und 28 °C ist somit akzeptabel. Ist die Temperatur zu niedrig, kann sie mit Hilfe eines Stabheizers auf die gewünschte Höhe gebracht werden.
Bei 22 °C paaren sich vor allem junge und aktive Fische, bei 24 °C und mehr paart sich nach unseren Erfahrungen jedes laichwillige Kampffischpärchen. Bei höheren Temperaturen schlüpfen die Larven schneller aus den Eiern - man vermutet, daß die Vitalität der Brut beeinflußt wird - bewiesen ist dies jedoch nicht.
In unseren Fischräumen weisen jene Aquarien, welche oben im Regal stehen, höhere Wassertemperaturen auf, als die unteren; allgemein liegt die Temperatur aber zwischen 22 °C und 28 °C. Unter diesen Wärmebedingungen haben sich unsere Fische über Jahre hinweg immer regelmäßig gepaart.

Hinweis: Unseres Erachtens wird der Temperatur bei Zucht und Haltung in vielen Sachbüchern eine zu große Bedeutung beigemessen.

Ein heller Kambodscha-Kampffisch mit gelb-grünen Flossen. Es ist der gleiche Fische, wie auf Seite 3, aber in einer etwas anderen Position. Züchter: Joel Arnette Foto: Schmidt

Wasserqualität und Wasserbeschaffenheit

Die Wasserqualität und -beschaffenheit spielt bei der Kampffischpflege und -zucht nur eine untergeordnete Rolle. Sie brauchen für die Zucht kein speziell aufbereitetes Wasser mit besonderem pH-Wert oder Härtegrad.

Ältere und schwache Fische benötigen aber spezielle Wasserwerte für die Paarung. Darum ist es im Allgemeinen besser, mit jungen gesunden Fischen zu züchten. Bei Männchen liegt das beste Zuchtalter bei vier bis neun Monaten. Ältere Männchen sind schwieriger zu paaren. Die Kampffischweibchen sind in der Regel von drei bis 24 Monaten im besten Paarungsalter.

Tip: Bei schwierig zu verpaarenden Kampffischen sind ein pH-Wert von etwa 6,8 und eine Karbonathärte von unter 4°, bei einer Gesamthärte unter zehn Deutschen Härtegraden (und einer Wassertemperatur von 26,6 °C) ideal.

Diese Werte können vielfach erreicht werden, indem dem Aquariumwasser ungefähr 50 % destilliertes oder durch Umkehrosmose enthärtetes Wasser beigemischt wird.

Die Bepflanzung

Wasserpflanzen verbessern die Wasserqualität und bieten zugleich die Basis für die erste Nahrung der Fischbrut - die Infusorien.

Die Pflanzen dienen bei der Zucht von Kampffischen außerdem als Versteck für die Weibchen, welche sich vor den manchmal sehr agressiven Männchen in Sicherheit bringen müssen. Diese Agressivität ist vor allem bei sehr jungen Kampffischmännchen, gewissen Stämmen der Hochzucht und Kämpferstämmen zu beobachten.
Bei einer guten Bepflanzung kann sich ein Weibchen vor einem überreagierenden und agressiven Männchen verstecken und erst für den Paarungsakt hervorkommen. Ist das Männchen noch nicht zur Paarung bereit, wird sich das Weibchen wieder in sein Versteck zurückziehen.

Wir füllen unsere Zuchtaquarien bis zu einem Drittel mit Wasserpflanzen. Wollen Sie keine Pflanzen in die Aquarien einbringen, können auch andere Gegenstände, wie zum Beispiel Tontöpfe, für Versteckmöglichkeiten sorgen.

Die Sterilisation der Behälter

Wir lassen in unseren Aquarien die Filter während zwei Wochen (oder länger) laufen - ohne Fische versteht sich. Diese Methode der „passiven Sterilisation" der Aquarien hat sich bei uns eigentlich sehr gut bewährt.
Es gibt aber Züchter die häufig kranke Fische haben und sich mit Problemen von Fischkrankheiten in ihren Stäm-

Ein Bicolor-Kampffisch; Körperfarbe: Stahlblau, Flossenfarbe: Schwarz. Dieser Fisch ist der erste Halbmond-Schwarz-Kampffisch, der je gezüchtet wurde. Es ist die Melano- oder dunkelschwarze Variation und nicht die etwas hellere Rauchschwarze Variante. Züchter: Laurent Chenot Foto: L. Chenot

Sobald die jungen Kampffische frei schwimmen können Schnecken zu den Jungen ins Aufzuchtaquarium gesetzt werden. Die Schnecken verzehren Futterreste und gestorbene Jungfische und tragen dadurch erheblich zur Aufrechterhaltung der Wasserqualität bei.
Oben: *Spitzschlammschnecken,* Lymnaea stagnalis, *können durchaus aus dem Gartenteich ins kühlere Aquarium, bis 22 °C, umgesetzt werden.*
Rechts: *Apfelschnecken,* Ampullaria scalaria.
Fotos: Schmidt

men konfrontiert sehen. Diese Aquarianer ziehen es dann häufig vor, ihre Aquarien gründlich zu sterilisieren. Dazu können Sie ein handelsübliches Mittel benutzen oder aber Sie bedienen sich einer anderen, vor allem in Asien sehr verbreiteten Variante der Sterilisation: Hierbei werden alle Gegenstände in einer starken Kochsalzlösung gründlich gewaschen und auf diese Weise desinfiziert.

Schnecken

Sobald die Fischbrut frei schwimmt, setzen wir etwa vier bis sechs Schnecken - egal welcher Art - ins Aufzuchtaquarium. Diese fressen die Essensreste der Jungfische und setzen sogar ihren Kot noch einmal um und sorgen dadurch für eine bessere Wasserqualität.

*Ein schöner Braun-Gelb-*Betta *mit etwas Türkis in den Flossen und am Flossenrand. Hier ist noch eine Gelbvariation zu sehen, und die Vielfalt der Farben unserer Kampffische zeigt sich wieder einmal. Züchter: Bion Foto: Maurin*

Das Futter der Jungfische

Es gibt drei Futtersorten, welche für das Heranwachsen der Fischbrut nützlich sind:

1. Infusorien,
2. Mikrowürmer,
3. *Artemia*-Nauplien.

Infusorien

Infusorien sind in einem gut bepflanzten alten Aquarium immer vorhanden. Es handelt sich hierbei um einzellige Kleinstlebewesen, die den Jungkampffischen als erste Nahrung dienen und welche sie in den ersten Tagen des Freischwimmens als Futter benötigen. Infusorien lassen sich auch leicht selber „produzieren". Dazu nimmt man am besten etwa einen Liter aus einem alten, gut „eingefahrenen" Aquarium. Diesem Wasser fügen Sie etwas Liquifry, Protogen-Granulat oder ein anderes handelsübliches Produkt zu und bereits nach zwei bis drei Tagen haben Sie große Mengen Infusorien.

Eine andere Variante der Infusorienzucht besteht darin, daß Sie in einem Liter Wasser aus einem alten Aquarium ein Stück einer Bananenschale oder eines Salatblatts geben. Es entwickeln sich eine Menge Bakterien, das Wasser riecht auch etwas und es wird trübe. Danach entwickeln sich Pantoffeltierchen und andere Mikroorganismen.

Ein wunderschöner Pastell- (Kambodscha-) Türkis-Rot-Kampffisch. Der vordere Fisch besitzt eine sehr schöne Halbmondschwanzflosse und auch die anderen Flossen sind sehr schön. Ein Fisch aus der Japanischen Hochzucht. Die Kampffische aus Amerika, Europa und Japan sind in der Zucht der „Show-Betta" führend. Foto: K. Tanaka

Nach etwa einer Woche ist dann das Wasser wieder klar und geruchsneutral. Beobachten Sie das Wasser jetzt mit einer Lupe, dann kann eine große Anzahl von Pünktchen ausgemacht werden - hier handelt es sich um Infusorien (ein geübtes Auge kann die Einzeller auch mit bloßem Auge erkennen). Mit einem Teelöffel schöpfen Sie von der Wasseroberfläche die Infusorien ab und geben sie in die Zuchtaquarien. Dabei ist jedoch Vorsicht geboten: Zuviele Infusorien verbrauchen den Sauerstoff des Aquarienwassers und dies kann zum Verlust der Brut führen. Wir geben ungefähr einen Teelöffel pro 15 Liter Wasser und pro Tag in die Zuchtbehälter. Jungfische werden nur etwa drei bis vier Tage lang mit Infusorien gefüttert - danach kann groberes Futter (z. B. *Artemia*-Nauplien oder Mikrowürmer) gegeben werden.

Mikrowürmer

Mikrowürmer sind kleine Fadenwürmer. Zuchtansätze können von einem Aquarianer gekauft oder aber nach Kleinanzeigen in Fachzeitschriften bestellt werden.

Wir füllen eine kleine Kunststoffdose etwa zu Hälfte mit Haferflocken und gießen lauwarme Milch dazu, bis die Haferflocken gerade bedeckt sind. Danach geben wir einige Mikrowürmer

aus der laufenden Zucht bei. Nach wenigen Tagen werden die Würmer, an den Wänden der Dose entlang, etwa 1 cm aus dem Milch-Haferflockengemisch herauskriechen. Mit den Fingern oder einem Pinsel können die Würmer abgenommen und ins Aquarium gegeben werden. Nach ungefähr drei Wochen muß ein neuer Ansatz in gleicher Weise hergestellt werden.
Mikrowürmer können während etwa sechs bis acht Wochen als Alleinfutter oder zusammen mit frisch geschlüpften *Artemia*-Nauplien verfüttert werden. Nach dieser Zeit sind die Kampffische meistens groß genug, um andere Futtersorten fressen zu können.

Artemia-Nauplien

Frisch geschlüpfte *Artemia* (auch Salinenkrebs genannt) sind ein ideales Futter zwischen dem dritten Tag und sechs bis acht Wochen nach dem Freischwimmen. *Artemia*-Dauereier können im Fachhandel gekauft werden. Dort gibt es ebenfalls spezielle Geräte, die das Schlüpfen und Entnehmen von Salinenkrebsen erleichtern.

Vorgehensweise bei der *Betta*-Zucht

Mindestens eine Woche bevor die Kampffische zur Zucht angesetzt werden, müssen sie besonders gut - wenn möglich mit Lebendfutter - gefüttert werden.

Farbe: Stahlblau. Im Vordergrund ein schönes balzendes Hochzucht-Kampffischweibchen mit geraden ersten und letzten Schwanzflossenstrahlen und guten Verzweigungen der Flossenstrahlen. Züchter: Marc Maurin Foto: Maurin

Ein roter Halbmond-Kampffisch mit leichtem blauen Farbfehler. Auch der weiße Flossenrand ist unerwünscht, aber Halbmond-Rot-Betta sind nur sehr selten zu finden. Züchter: Rajiv Masillamoni Foto: Jevan Prasad

Zuerst geben wir das Weibchen in einem Guppyabsetzkasten oder mit einer Glasscheibe abgetrennt in das Zuchtaquarium. Mit Tontöpfen, die Öffnung nach unten gerichtet, fixieren wir den Laichkasten, so daß er nicht verrutschen kann.

Wir schneiden einen Styroporbecher entzwei und lassen diesen auf der Wasseroberfläche schwimmen (es kann auch ein anderer Gegenstand sein beispielsweise ein Korkstück - welcher auf dem Wasser schwimmt, benutzt werden). Dieser Becher dient dem Kampffischmännchen als stützende Hilfe zum Schaumnestbau.

Wir montieren einen Schaumstoffpatronenfilter, der lediglich für einen sehr langsamen Wasserdurchfluß sorgt und geben viele Wasserpflanzen, vor allem Schwimmfarne, *Ceratopteris* und *Salvinia*, in das Aquarium.

Schon nach etwa 30 Minuten, nachdem das Weibchen in den Laichkasten gesetzt wurde, wird das Männchen im Aquarium freigelassen. Dieses wird das Weibchen nach einigen Minuten entdecken und beginnen, ihm mit abgespreizten Flossen und Kiemendeckeln zu imponieren.

Bis zum nächsten oder übernächsten Tag hat das Männchen normalerweise mit Speichel und Luftblasen unter dem Styropordeckel ein Schaumnest gebaut. Dies ist der richtige Zeitpunkt, um das Weibchen freizulassen.

Meistens wird das Weibchen am Anfang noch durch das Männchen vertrieben, denn dieses will den Nestbau beenden. Dann jedoch schwimmt der männliche Kampffisch zum Weibchen, lockt es mit seinem „Führungsschwimmen" zum Nest und paart sich mit ihm. Er schlingt seinen Körper um sie, und stößt Spermien aus. Gleichzeitig fallen die Eier aus der Laichpapille des Weibchens (für das menschliche Auge gut sichtbar). Die so befruchteten Eier werden durch das Männchen aufgesammelt und in das Schaumnest gespuckt. Dieser Vorgang widerholt sich viele Male, oftmals über mehrere Stunden hinweg.

Nach der Paarung ist es ratsam, das Weibchen aus dem Zuchtbecken zu entfernen. Einige Männchen fühlen sich durch die Anwesenheit des Weibchens bedroht, greifen darum an und könnten das Weibchen verletzen oder sogar töten. In der freien Natur kann das Kampffischweibchen wegschwimmen - dies ist im Aquarium nicht möglich.

Die Brutpflege ist ganz und gar dem Männchen überlassen. Ständig erneuert es das Schaumnest durch Umplazieren, es nimmt die Eier in den Mund, umhüllt sie mit Sekret aus dem Maul und frißt die unbefruchteten oder aus anderen Gründen verdorbenen Eier - so verhindert es eine Verpilzung der gesunden Eier.

Da das Männchen pausenlos im Einsatz ist, sollte das Aquarium auch nachts schwach beleuchtet werden.

Nach ungefähr 48 Stunden schlüpfen die Fischlarven und fallen aus dem Nest. Noch während ungefähr zwei Tagen wird das Männchen weiterhin die ausschwärmenden Larven ins Nest zurückholen, bis diese dann selbständig schwimmen können.

Sobald die Jungfische frei schwimmen ist es ratsam, das Männchen aus dem Aquarium zu holen und mit der gezielten Fütterung der jungen Kampffische zu beginnen.

Farbe: Kambodscha-, Rosa- und Weiß-Schmetterling; Schwanzform: Delta. Ein schöner und gleichmäßiger Schmetterlingkampffisch. Die weiße Farbe ist sehr gut ausgeprägt. Züchter: Georg Huber Foto: Maurin

Farbe: Rauchschwarz und Blau. Während die Melano-Schwarz-Weibchen steril sind, sind die Rauchschwarz-Weibchen fruchtbar. Heute wird Schwarz gezüchtet, indem Melano-Schwarz-Männchen mit Stahlblau-Weibchen gepaart werden. Aber vielleicht wäre es besser, beim Rauchschwarz durch Selektion eine intensive schwarze Farbe zu erzielen, als mit dem Melano-Schwarz zu arbeiten.
Züchter o.: Alain Genet
Foto o.: Maurin

Züchterin r.: Christine Fischer
Foto r.: Schmidt

Das Aggressionsverhalten

Wie schon der Name besagt, ist das Männchen von *Betta splendens* seinen Artgenossen gegenüber sehr aggressiv. Würde ein kleines Aquarium mit zwei Kampffischmännchen besetzt, dann wäre ein Kampf um Leben und Tod unvermeidlich, denn der unterlegene Fisch kann sich seinem Widersacher nicht durch Flucht entziehen.
Zuerst versuchen sich die beiden Gegner durch Imponiergesten zu beeindrucken. Dabei werden Rücken-, Schwanz- und Afterflosse extrem gespannt. Kiemendeckel und -häute werden abgespreizt, so daß der Kopf fast doppelt so groß erscheint. Dann umkreisen sich die beiden Fische, wobei sie einander mit kräftigen Schwanz- und Hinterleibsschlägen Wasserschwälle entgegenschleudern. Mit schnellen Vorstößen versuchen sie sich anschließend zu rammen und in Kopf, Kiemen und Flossen zu beißen. Zwischendurch imponieren sie immer wieder durch Flossenspreizen. Dabei werden sogar die Bauchflossen versetzt getragen, damit die Gesamtfläche des Körpers größer wirkt. Schließlich fassen sich die Kontrahenten an den Mäulern und versuchen einander

Farbe: Bicolor Braun- (Blond-) Türkis.
Hier zeigt der Körper eine Farbe und die Flossen besitzen eine andere Farbe. Dies ist eine weitere Farbvariation.
Züchter: Joel Arnette
Foto: Schmidt

zu Boden zu drücken, um sich gegenseitig am Atmen zu hindern. Der oft Stunden dauernde Kampf wird erst beendet, wenn eines der Männchen an Erschöpfung oder an seinen Verletzungen stirbt.
Somit zeigt sich deutlich, daß es vermieden werden muß, zwei Kampffischmännchen im selben Aquarium zu halten, mag es auch noch so groß sein. Manche Aquarianer halten dies zwar für möglich, wenn die Fische gemeinsam aufgewachsen sind. Das Risiko von ernsthaften Verletzungen der Fische ist aber immer sehr groß. Besonders wenn die Fische beginnen ihre Laichreviere abzugrenzen.
Anderen Arten gegenüber benimmt sich *Betta splendens* zurückhaltend bis scheu. Lediglich Vertreter der sehr ähnlichen Arten *Betta rubra* und *Betta smaragdina* werden wie Artgenossen bekämpft. Deshalb ist es nicht angebracht, ihn zusammen mit robusten oder sehr lebhaften Fischen zu pflegen. Am besten werden Kampffische paarweise oder ein Männchen mit zwei Weibchen in einem Aquarium mit mindestens 60 Litern Inhalt gepflegt. Dabei ist vom Pfleger auf genügend Versteckmöglichkeiten für die Weibchen zu achten, denn auch ihnen gegenüber verhält sich das Männchen oft aggressiv. Selbst die Weibchen sind keine „Unschuldslämmer“ und tragen manch ein Gefecht untereinander oder sogar mit dem Männchen aus. Sollte das Männchen kleiner und unerfahrener als ein Weibchen sein, dann wird die Zucht oft sogar unmöglich, weil sich das Männchen nicht gegenüber seiner Partnerin durchsetzen kann und es kommt deshalb nicht zur Reviergründung und zum Schaumnestbau.

Wenn auf Fotos „kämpfende" Schleierkampffische zu sehen sind, dann hat der Fotograf die Fische meist durch eine Trennscheibe voneinander getrennt. Dennoch können durch das Imponieren der Fische ihre Flossen einreißen.

Das Zuchtaquarium

Um zu vermeiden, daß das dominante Männchen seine Partnerin verletzt oder gar tötet, setzten wir das Weibchen meist schon ein paar Tage vor dem Männchen ins gut bepflanzte Aquarium ein, worin auch Schwimmpflanzen nicht fehlen dürfen. Wie bei allen Labyrinthfischen ist eine Durchlüftung nicht nötig - ja sogar eher störend, weil die Kampffische ruhiges Wasser lieben.

Ein häufiger Wasserwechsel ist einem mechanischen Filter vorzuziehen. Die Wassertemperatur liegt am besten etwa bei 24 °C; auch die Lufttemperatur über der Wasseroberfläche darf nicht wesentlich niedriger sein, sonst bleibt das Schaumnest nicht stabil und die Fische könnten sich beim Luftschöpfen „erkälten". Die übrigen Wasserwerte sind von untergeordneter Bedeutung. Es wird allerdings günstiger sein, wenn das Wasser nicht allzu hart und zu alkalisch ist. Auch in Bezug auf Futter ist *Betta splen-*

Ein aggressiv imponierender roter „Kämpfer". Schön ist das Abspreizen der Kiemendeckel und das Hervorstülpen der Branchiostegalmembran zu sehen. Fotos: Schmidt

Das Männchen errichtet sein Schaumnest unter einer Schwimmpflanze. Alle folgenden Fotos zur Fortpflanzung wurden von Siamesischen Wildformkampffischen von einem Fundort bei Hua Hin in Südthailand erstellt.

dens äußerst anspruchslos. Lebendfutter ist selbstverständlich zu bevorzugen, um bei den Weibchen einen möglichst guten Laichansatz zu erzielen.

Die Körpergröße und das Alter

Die *Betta splendens*-Männchen können im Alter von etwa einem Jahr eine Gesamtlänge von sieben Zentimetern erreichen. Die Weibchen bleiben einen Zentimeter kleiner.
Die Siamesischen Kampffische werden bis zu drei Jahre, in Ausnahmefällen bei kühler Haltung (22 °C bis 24 °C) über vier Jahre alt. (Schleierzuchtformen bleiben zierlicher, erreichen aber aufgrund der längeren Beflossung die gleiche Gesamtlänge wie Wildformen.)

Das balzende Männchen imponiert mit aufgestellten Flossen, es wird vom Weibchen unter dem Schaumnest aufgesucht. Fotos: Schmidt

Die Körperfärbung der Wildform

Die Normalfärbung, also außerhalb aggressiver Stimmungen oder zur Balz, der *Betta splendens*-Wildform besteht aus zwei vollständigen schwarzen Längsstreifen auf hellem, grauem Grund. Etwa im Bauchbereich beginnt ein dritter, unterer und meist unvollständiger Streifen. Er verläuft bis etwa zur Körpermitte parallel zu den oberen Streifen. Ab der Körpermitte kann der untere Streifen entweder, individuell verschieden, schon in der Körpermitte, dazwischen oder erst in der Schwanzwurzel mit dem mittleren Streifen zusammenlaufen. Oder bis zur Schwanzwurzel getrennt bleiben. Der Verlauf des unteren Streifens ist bei den einzelnen Fischen sehr unterschiedlich und kann vom Aquarianer zur individuellen Erkennung der Fische genutzt werden, so daß Markierungen der Fische nicht notwendig sind.
Bei einzelnen Individuen kann die Augeniris in der Normalfärbung goldgelb mit schwarzem Längsbalken gefärbt sein.
Die Männchen färben sich in der Prachtfärbung dunkel, der obere Kopfbereich bleibt glanzschuppenfrei. Der Körper wird bei vielen Fundortformen flächig blau-metallisch gefärbt. Bei wenigen Formen sind die Glanzfarben jedoch auch in Tüpfelreihen - also in einzelne Punkte unterteilt - angeordnet und die Flossenfarbe ist fast ausschließlich blau, mit roten Membranen zwischen den Flossenstrahlen. Kampfzuchtformen wirken besonders gedrungen und sind

Anfangs wird des Weibchen aber noch vertrieben und das Männchen baut weiter an seinem Schaumnest. Die Laichbereitschaft des Weibchens ist gut an seiner Querstreifung erkennbar. Foto: Schmidt

meist metallisch (und ausschließlich) blau gefärbt. Eventuell auftretende Kämpfer mit roten Farbanteilen werden von den Thailändischen Züchtern aussortiert, weil sie nicht so gut wie die blauen kämpfen können sollen. Die Iris ist jetzt schwarz, nach innen rot gerandet. Bei der quergestreiften Laichfärbung zeigen *Betta splendens*-Weibchen mancher Populationen und Zuchtformen eine schwarze Tüpfelfärbung auf der Oberseite des Kopfs.

Die Reviergründung und Revierverteidigung

Der Reviergründung geht - vor allem bei Anwesenheit mehrerer *Betta splendens*-Männchen - zunächst ein sehr aggressives Verhalten voraus. Bei *Betta splendens* versuchen sich die möglichen Partner oder Gegner zunächst durch Imponiergesten zu beeinflussen. Zum Imponieren werden die unpaaren Flossen extrem gespannt; manchmal reißen sie sogar ein. Die Bauchflossen werden versetzt getragen und die Brustflossen sehr schnell bewegt. Die Kiemendeckel und -häute (Branchiostegalmembran) werden abgespreizt. Durch diese Verhaltensweise werden der Kopf- und Körperumriß erheblich vergrößert; die Prachtfärbung kommt optimal zur Geltung. Mit seitlichen Schwanz- und Hinterleibsbewegungen wedeln sich die Kontrahenten Wasserschwälle zu (Flossenwedeln). Weibchen flüchten spätestens in dieser Situation. Das Männchen grenzt durch das Imponierverhalten und eventuelle echte Angriffe mit Rammstoß und Beißen das Revier ab. Schließlich beginnt es an einer günstigen Stelle das Schaumnest zu errichten. Das Schaumnest ist das spätere Zentrum des Reviers.

Mit fortschreitender Laichbereitschaft werden Fremdfische und vor allem Artgenossen (zunächst beider Geschlechter) vom revierbesitzenden *Betta splendens*-Männchen immer häufiger aus dem näheren Bereich des Reviers (der Durchmesser beträgt umfeldabhängig zwischen 30 und 70 cm) vertrieben. Werden jedoch die Störungen zu intensiv, kann der Revierbesitzer aufgeben und sich an einen anderen Ort zurückziehen, an dem er eventuell erneut ein Revier zu gründen versucht.

Das Schaumnest wird an der Wasseroberfläche - bevorzugt unter einem Schwimmpflanzenblatt - angelegt. Das Schaumnest fertigt *Betta splendens* (wie alle nestbauenden Kletterfische, Anabantoidei) aus Schaumblasen, indem der Fisch Luft über der Wasseroberfläche schöpft und mit Sekret aus dem Maul ummantelt. Aus diesen einzelnen Blasen fügen die Männchen ihr gesamtes Nest zusammen. Die Nester bleiben besonders in weichem und saurem Wasser ohne organische Belastungen lange stabil. Erst wenn die Nester fast oder völlig fertiggestellt sind, dürfen sich Weibchen den Männchen unter ihren Nestern nähern.

Das Brutrevier in Nestnähe wird vor dem Ablaichen nur vom *Betta splendens*-Männchen - nach der Paarbildung von beiden Partnern - im näheren Nestbereich in erster Linie aber auch dann vornehmlich vom Männchen verteidigt. Es vertreibt fremde Fische aus seinem Sichtbereich. Die eventuell vergesellschafteten Aquarienmitinsassen werden in der Regel - auch wenn sie wesentlich größer als der Kampffisch sind - vor dem eigentlichen Ablaichen durch das Aggressionsverhalten eingeschüchtert, so daß sie selten aus ihren Verstecken in die Nähe des Reviers schwimmen und das dominante Paar gewöhnlich störungsfrei bleibt.
Wurde bereits gelaicht und das *Betta splendens*-Männchen betreut Eier oder Larven im Schaumnest, dann erfolgt die Revierverteidigung in der Regel im weiteren Umfeld - also außerhalb der sonst 30 bis 70 cm durchmessenden, vom Männchen verteidigten Region - durch das Weibchen, welches sich selbst aber ebenfalls nicht dem Nest nähern darf. Nur größere oder zu weit ins Revier eingedrungene Fische werden dann noch von beiden Partnern gemeinsam angegriffen. Der Angriff erfolgt auch vom Weibchen als angedeuteter Rammstoß in die Flanke, der - falls das angegriffenen Tier nicht flieht - auch ausgeführt wird und nicht selten eine Schädigung innerer Organe verursacht und den Tod des Fremdfischs zur Folge haben kann. Manchmal laichen zwei Weibchen mit dem selben Männchen am selben Nest ab. Dies führt zu agonistischen Handlungen unter den Weibchen, wobei das unterlegene Exemplar sich zunächst zurückzieht, aber versucht, sich in günstigen Momenten - vom anderen Weibchen unbeachtet - dem Männchen erneut zu nähern.

Die Balz

Laichbereite *Betta splendens*-Weibchen sind erheblich schwimmaktiver als nicht balzmotivierte Artgenossen. In Fortpflanzungsstimmung sucht das Weibchen die Nähe von revier- und, wenn möglich, bereits nestbesitzenden Männchen. Dazu schwimmt es bei Auswahlmöglichkeiten verschiedene Männchen in Prachtfärbung an, wird aber in der Regel zunächst von den Männchen - trotz gezeigten Beschwichtigungsverhaltens - wieder vertrieben. Artgenossen in Längsstreifenzeichnung oder Männchen anderer Arten werden nicht beachtet. Hat das Weibchen seine Wahl getroffen, so sucht es vornehmlich die Nähe dieses Männchens. Es schwimmt direkt das, im Freiwasser stehende oder meistens unter seinen ersten Schaumblasen befindliche Männchen an. Das Männchen selbst schwimmt dem Weibchen meist mit weit abgespreizten Flossen entgegen, bleibt vor ihm stehen und krümmt den Körper - bei weiterhin weit gespreizten Flossen - S-förmig, und schlägt dabei mit den unpaaren Flossen und dem Hinterleib zu den Sei-

Zur Erstellung der Schaumblasen schöpft das Kampffischmännchen Luft an der Wasseroberfläche. Die Luft wird mit einem Maulsekret ummantelt, um die Blasen haltbarer zu machen. Foto: Schmidt

Von oben nach unten:
Das Weibchen beschwichtigt mit angelegten Flossen.

Zunächst muß es aber noch wieder flüchten.

Schließlich kommt es zur ersten Scheinpaarung. Das Männchen umschlingt das Weibchen, es kommt aber noch nicht zur Abgabe von Geschlechtsprodukten.

Auch bei der Scheinpaarung verbleiben die Partner einige Sekunden in der Laichstarre. Danach schwimmt das Weibchen zunächst wieder fort.

Fotos: Schmidt

ten (Flossen- und Körperwedeln). Die Brustflossen werden dabei in extrem schneller Folge bewegt, ohne eine Fortbewegung zu bewirken (Brustflossentrillern). Dann schwimmt das Männchen ruckartig zum Nest zurück und versucht so das Weibchen anzulocken (Führungsschwimmen). Wenn das Weibchen laichbereit ist, folgt es mit angelegten Flossen, schlägt mit den Flossen und dem Hinterleib (Flossen- und Körperwedeln, aber im Gegensatz zum Männchen mit angelegten Flossen) oder legt sich beschwichtigend auf die Seite, wobei der Kopf etwa um 20° nach unten sinkt. Das nach unten geneigte und flossenklemmende Weibchen hemmt auf diese Weise mögliche Angriffe des unter dem Schaumnest anfangs noch sehr aggressiven Männchens. Aus diesem Grunde erfolgt in dieser ersten Phase die Annäherung durch das *Betta splendens*-Weibchen noch zögernd und es flüchtet bald wieder. Da es jetzt noch nicht zu Paarungen kommt, wird das Weibchen vom Männchen zunächst wieder vertrieben, sofern das Weibchen nicht ohnehin erst einmal wieder flüchtet.

Nach der Fertigstellung des Nests kommt es in den meisten Fällen erneut zum Führungsschwimmen durch das Männchen. Dabei werden - wie beim aggressiven Imponieren - die Flossen und die Branchiostegalmembran (die hinter den Kiemendeckeln hervorstülpbare Haut) - unter Abspreizen der Kiemendeckel - gespannt und es erfolgt auch Wasserwedeln. Schließlich legt

das Männchen aber die Flossen zusammen und die Kiemendeckel an und schwimmt, führungsschwimmend gezielt zum Nest zurück. Folgt das Weibchen anfänglich noch nicht, so wird es - trotz weiterer Beschwichtigungsgesten - gejagt. Das Beschwichtigen durch das Weibchen erfolgt nun durch Absenken des Kopfs, Zusammenlegen der Flossen und durch Zeigen der quergestreiften Balz- und Laichfärbung. Schließlich folgt das Weibchen mit leicht nach unten geneigtem Kopf dem Männchen, welches die Partnerin weiterhin umwirbt. Sobald sich das Weibchen dem Männchen nähern kann stupst es diesem in die Flanke oder auf die Kiemendeckel, wodurch das Männchen zusätzlich beschwichtigt wird. Nachdem auf diese Weise erste Körperkontakte möglich wurden, kann das Weibchen nun auch in der Nähe des Nests bleiben und bald folgt ein erstes Umschwimmen und es kommt zu ersten Scheinpaarungen.

Das Ablaichen und die erste Versorgung der Eier

Nachdem das *Betta splendens*-Weibchen immer wieder in das Revier des Männchens eingedrungen ist und schließlich durch sein Beschwichtigungsverhalten das Angriffsverhalten völlig gehemmt hat, kommt es zu ersten Scheinpaarungen. Die Scheinpaarungen ähneln den echten Paarungen (s. u.), es kommt aber nicht zu vollständigen Umschlingungen, es werden keine Eier vom Weibchen abgegeben und die Partner verharren

Von oben nach unten:
Bei der Paarung wird das Weibchen vom Männchen auf den Rücken gedreht.

Die gleiche Situation wie oben, allerdings von der Seite betrachtet.
Die Paarung dauert einige Sekunden. Jetzt treten auch die Eier aus und sinken auf den Bauch und die Afterflosse des Weibchens.

Nach der Paarung öffnet das Männchen langsam die Umschlingung. Dadurch fallen die ersten Eier zu Boden.

Bald schwimmt das Männchen weiter.
Fotos: Schmidt

Von oben nach unten:
Jetzt sammelt das Männchen die herabrieselnden Eier ins Maul ein.

Das Weibchen verbleibt immer noch in der Laichstarre. So kann das Männchen die Eier problemlos einsammeln.

Schließlich erwacht auch das Weibchen aus der Starre und beide Partner können die Eier gemeinsam einsammeln.

Hier bewacht das Männchen sein Revier, während das Weibchen nach weiteren Eiern am Boden sucht.

Fotos: Schmidt

nicht oder, wenn doch, meist nur sehr kurz in einer Laichstarre.
Durch die Scheinpaarungen gewöhnen sich die Fische an die körperliche Nähe des Partners und es kommt durch hormonelle und nervöse Wirkungen zur sexuellen Synchronisation der jeweiligen Partner. Hierdurch ist bei den späteren echten Paarungen eine gleichzeitige Abgabe der Geschlechtsprodukte gewährleistet.
Der gesamte Ablauf von der ersten - über die echten Paarungen - bis zur letzten Scheinpaarung wird als Laichphase bezeichnet; eine einzelne Paarung innerhalb der Laichphase ist ein Laichakt. Und ein bestimmter Zeitraum im Jahr oder in einer Saison, in dem mehrere Laichphasen in kurzen Abständen aufeinander folgen wird Laichperiode genannt.
Nach einigen Scheinpaarungen kommt es zur ersten echten Paarung. Zur Kopulation schwimmt das Weibchen dem Männchen in die Flanke. Dann umschlingt das Kampffischmännchen seine Partnerin in der Bauchregion und dreht sie auf den Rücken. Unter leichtem Körperzittern werden Eier und Spermien abgegeben. Die Eier - schwerer als Wasser - sinken nach unten auf den Bauch und die Afterflosse des Weibchens oder auf den Boden. Drei bis vier Sekunden bleiben die Partner reglos - in der Laichstarre - im Wasser schweben. Das Männchen öffnet dann die Umschlingung, das Weibchen bleibt zunächst weiterhin in der Laichstarre.
Sofort nach dem Aufwachen aus der Starre beginnt das Männchen mit dem Ein-

sammeln der Eier vom Bauch und der Afterflosse des Weibchens ins Maul, und es sammelt auch die herabrieselnden Eier ein. Die Eier werden mit Maulsekret versehen und nach dem Luftschöpfen zusammen mit Blasen ins Schaumnest gegeben. Das nach weiteren 10 bis 20 Sekunden ebenfalls aus der Laichstarre erwachende Weibchen hilft dann dem Männchen beim Einsammeln der Eier und bringt diese zum Nest. Dort spuckt es die Eier aber entweder unter dem Nest aus, so daß das Männchen sie schnappt oder die Eier geraten - sofern sie zuvor vom Weibchen mit Schaumblasen versehen wurden (nicht alle weiblichen Individuen ummanteln die Eier mit Schaumblasen) - durch Auftrieb von selbst ins Nest.

Auch die Weibchen sind in der Lage Schaumblasen und Nester anzufertigen und die Brutpflege weiterzubetreiben, falls das Männchen beim Nestbau oder der Brutpflege ausfällt.

Manche besonders aggressiv motivierte *Betta splendens*-Männchen verjagen das Weibchen nach jedem Laichakt aus dem näheren Nestbereich. Nach dem endgültigen Auslaichen des Weibchens und einigen abschließenden Scheinpaarungen wird das Weibchen in jedem Fall vom Männchen aus dem direkten Nestbereich vertrieben. Jetzt verblaßt auch die Prachtfärbung der Fische und es bleibt nur die matte Grundfärbung zurück.

Gewöhnlich werden in einer Laichphase zwischen 50 und 250 Eier abgelaicht.

Von oben nach unten:
Nach drei Tagen beginnen die Larven bald freizuschwimmen.

Nach einem weiteren Tag schwimmen die Jungen frei und beginnen Nahrung aufzunehmen. Hier sind auch die Reste einiger verpilzter Eier gut erkennbar.

Eine Paarung bei Wildformkampffischen aus dem Khao Yai Nationalpark in Thailand.
Bei einem Laichakt können vom Weibchen bis zu 80 Eier abgelaicht werden. In der Laichphase werden es einige hundert.
Fotos: Schmidt

Anmerkung: *In Fachkreisen in Amerika, England, Frankreich und Japan wird die Farbe der Glanzschuppen der Wildkampffische als Grün, Blau-Grün oder Türkis bezeichnet. Paarungen zwischen diesen Fischen ergeben immer Fische mit der gleichen Glanzfarbe auf den Schuppen und Flossen, nämlich Blau-Grün, Grün, Blau. Wir bezeichnen in der Fachsprache Dunkelblau als Blau. Diese Glanzfarbe ist mischerbig. Paarungen dieser Fische ergeben Nachkommen zu etwa 50 % Blau, 25 % Grün-Blau und 25 % Stahlblau.*

Die Brutpflege

Wie bereits erwähnt, spuckt das Kampffischmännchen die eingesammelten Eier nicht direkt ins Schaumnest, sondern es schöpft zuvor an der Oberfläche Luft und ummantelt die - zwischen 0,9 und 1,3 mm durchmessenden - Eier mit Schaumblasen. Dadurch rieseln die Eier nicht sofort wieder herab (nicht mit Blasen versehene und durch die Oberflächenspannung ausschließlich am Oberflächenfilm haftende Eier werden durch geringe Bewegungen des brutpflegenden Fischs gelöst und fallen herab). Das Weibchen ummantelt die Eier ebenfalls mit Luftblasen und praktiziert sie in gleicher Weise wie das Männchen ins Nest. In Einzelfällen ist auch zu beobachten, daß das Weibchen dem Männchen die Eier zuspuckt. Manchmal zerplatzen die - die Eier ummantelnden - Blasen aber, oder bei Paarungen direkt unter dem Nest werden Eier aus diesem herausgestoßen, so daß die Partner zwischen den einzelnen Laichakten lange mit dem Einsammeln von Eiern vom Boden beschäftigt sind.

Der Vater kümmert sich nach Abschluß der Laichphase allein um das Nest. Das Weibchen kann ausnahmsweise die Brutpflege übernehmen, falls dem Männchen etwas zustößt. Der brutpflegende Elternteil bessert das Nest sorgsam aus und fügt Schaumblasen hinzu. Dadurch kann das Nest größer als vor dem Ablaichen werden und etwa zwei Zentimeter Höhe und bis zu acht Zentimeter Durchmesser erreichen (meist bleiben die Nester aber deutlich kleiner, 1 cm Höhe und 4 bis 5 cm Durchmesser). Abgestorbene Eier werden sorgfältig entfernt, herabgefallener Laich wird aufgeschnappt und wieder ins Nest gegeben. Darüberhinaus übernimmt das Männchen auch die Revierverteidigung direkt am Nest. Häufig bleibt das Weibchen jedoch in der Nähe des Nests und übernimmt die Revierverteidigung im Außenbereich. Der Laich wird vom brutpflegenden Fisch ständig umgeschichtet, wahrscheinlich deshalb, damit für alle Eier die Sauerstoffversorgung gesichert ist und die - für die Entwicklung des Laichs möglicherweise notwendigen - Lageänderungen erfolgen (Untersuchungen zur Funktion des Eierumschichtens wurden bisher nicht durchgeführt). Ist die Bedrohung des Laichs, beispielsweise durch Freßfeinde so groß, daß das Männchen durch die Revierverteidigung allein nichts ausrichten kann, so wird der verbliebene Laich ins Maul genommen und an eine andere Stelle verfrachtet, an der ein neues Nest errichtet wird. Bei umfangreicheren Gelegen geht dabei naturgemäß ein Teil des Laichs verloren, obwohl auch ein Transport in mehreren Schüben erfolgen kann.

Bei allen *Betta splendens*-Formen dauert die Eientwicklung nach dem Ablaichen bis zum Schlupf der Larven bei 24 °C circa 30 Stunden. Die Larven hängen dann, mit dem Dottersack nach oben, im Nest und bewegen sich bereits anfangs heftig. Die geschlüpften Lar-

Farbe: Blau-Türkis.
Dieser Fisch hat eine gute Form und Farbe.
Die Flossen sind schön und die Schwanzflossenlappen sind gleichgroß.
Zur Farbe Blau siehe auch die Anmerkung auf der Seite links.
Züchter: Peter Göttner
Foto: Göttner

ven werden noch aufmerksamer als die Eier betreut. Immer wenn einige der Larven aus dem Nest herauswirbeln, werden sie aufgeschnappt und ins Nest zurückgespuckt, wodurch dann oft andere herausgestoßen werden. So ist der Vater ständig mit der Brutpflege beschäftigt und findet kaum Gelegenheit zur Nahrungsaufnahme. Die geschlüpften Larven resorbieren in etwa drei Tagen ihren Dottervorrat und schwimmen dann innerhalb einiger Stunden frei und verlassen das Nest. Zunächst sammelt der Vater die ausschwärmende Brut mit dem Maul wieder ein und versucht sie ins Nest zurückzuspucken. Nach bis zu zwei weiteren Tagen erlischt die Brutpflegemotivation. Die Eltern kümmern sich in der folgenden Zeit nicht mehr um die selbständig gewordenen Jungen. Sollen viele Jungfische aufgezogen werden, müssen nun die Eltern entfernt oder die Jungfische umgesetzt werden. Beim Einsammeln von Jungfischen durch die Eltern beobachteten verschiedene Aquarianer und Wissenschaftler vereinzelt ein Zusammenlokken der Jungen durch schnelle vibrierende Brustflossenbewegungen (Flossentrillern). Die ausgeschwärmten Jungfische sollen demnach auf die Quelle der schnellen Wellenbewegung des Wassers zuschwimmen und so leicht vom Männchen eingesammelt werden können. Vermutlich handelt es sich hierbei um Zufallsbeobachtungen, denn wir konnten dieses Verhalten nur vereinzelt Beobachten und nie eindeutig belegen. Deshalb erachten wir die Interpretation des Flossentrillerns als Signal zum Zusammenschwimmen der Jungfische als zweifelhaft. Sicherlich sind in diesem Zusammenhang weitergehende Beobachtungen und Untersuchungen sinnvoll.

Sowohl eine schöne rote als auch eine blau-türkis Farbe. Dies sind Hochzuchtweibchen mit schönen breiten Flossen und guter Farbe. Mit solchen Weibchen lassen sich gute Nachkommen züchten. Züchter: Peter Göttner Foto: Göttner

Das Verhalten der Eltern nach dem Ablaichen und der Brutpflege

Beide Eltern können in Einzelfällen nach dem Erlöschen der Brutpflegemotivation ihre eigenen Jungen auffressen. In über 100 von uns beobachteten Versuchen verzehrten 20 Mal die Männchen und etwa 75 Mal die Weibchen ihre Brut; die Gründe dafür - oder die Möglichkeit, daß es sich um ein Problem aus der Aquarienhaltung handelt - sind uns bisher nicht bekannt. Manchmal schnappen also hungrige Eltern nach den eigenen Nachkommen und insbesondere die Weibchen verzehren den Laich oder die Jungfische. Die Männchen spucken ihre Jungen aber in den ersten Tagen wieder aus, wenn sie aufgrund des von ihnen ausgehenden Bewegungsreizes einmal nach ihnen geschnappt haben. Daraus läßt sich auf eine olfaktorische (geruchliche/geschmackliche) Erkennung der Brut schließen. In seltenen Fällen verzehren hungrige Männchen sogar ihre gerade freischwimmende Brut.

Sind die Jungfische älter als eine Woche, dann sind die Erwachsenen nicht mehr in der Lage, gesunde Jungfische zu schnappen. Auch in kleinen, aber versteckreich eingerichteten Aquarien (ab 60 cm Seitenlänge) wachsen trotz der Verfolgung immer einige Jungfische (ca. zehn bis 20) bei den Eltern auf.

Bei guter Ernährung kann das Weibchen bereits nach acht bis zehn Tagen (also kurz nach dem Selbständigwerden der vorherigen Brut) erneut einen Laichansatz zeigen und wieder mit dem gleichen oder einem anderen Männchen ablaichen. Bei solch kurzen Abständen zwischen den Laichphasen werden vom Weibchen aber beim nächsten Mal nur etwa zehn bis maximal 100 Eier abgelaicht.

Manchmal laicht sogar dasselbe oder ein anderes Weibchen mit dem Männchen unter dem alten Schaumnest ab, bevor die Larven freigeschwommen sind. Dann können sich gleichzeitig Eier beziehungsweise Larven unterschiedlichen Alters in einem Schaumnest befinden. Die jüngere Brut hat in einem solchen Fall aber nur geringe Chancen erwachsen zu werden.

Die Aufzucht

Die Jungfische werden zunächst mit Infusorien (Pantoffeltierchen und andere Einzeller bzw. Rädertierchen) gefüttert. Nach drei bis vier Tagen können sie problemlos frisch geschlüpfte *Arte-*

mia-, *Cyclops*- und andere Kleinkrebs-Nauplien bewältigen. Die Jungfische wachsen bei genügender Ernährung und einer höheren Wassertemperatur um 27 °C recht schnell und können bereits nach einem halben Jahr geschlechtsreif sein. Bei der bei uns im Regelfall durchgeführten Aufzucht bei etwa 24 °C wurden sie erst nach acht bis zehn Monaten geschlechtsreif.

Bis zur Geschlechtsreife müssen die Männchen zunächst noch nicht separiert werden, denn bei den jungen Fischen werden die Beschädigungskämpfe - die auch ohne Revier ausgeführt werden - noch schnell abgebrochen, bevor es zu schlimmeren Folgen kommt.

In dieser Wachstumsphase sind solche Verletzungen aber nicht schlimm, weil Risse in den Flossen schnell verheilen und auch fehlende Schuppen gut nachwachsen. Flossen und Schuppen weisen dann auch die gleiche Farbe wie zuvor auf. Bei erwachsenen Fischen, aber auch wenn die Wasserqualität oder das Futter geändert werden, verheilen solche Verletzungen zwar auch recht gut, meistens aber in einer anderen Farbe. Außerdem führen Flossenverletzungen später oft zu unschönen Knicken in den Flossenstrahlen. Solche Fische sind dann leider nicht mehr zur Ausstellung als Show-Betta geeignet. Da ihr genetisches Erbmaterial davon nicht beeinflußt wird, sind diese Fische selbstverständlich noch zur Zucht geeignet.

Nach dieser ausführlichen Darstellung der Fortpflanzung der Kampffische haben wir Sie hoffentlich animiert, auch einmal das faszinierende Verhalten ihrer Fische zu beobachten.

Wirkliche Tierfreunde setzen selbstverständlich niemals mehrere erwachsene Kampffischmännchen in ein Aquarium!

Wildkampffische in ihren Gläsern; auf einem Markt in Thailand fotografiert. Die Züchter geben nie ihre besten Fische ab. Foto: M.-P. & C. Piednoir

Oben: *Farbe: Blau-Türkis. Dieser Fisch wurde in den 80er Jahren gezüchtet und stellt den Idealtyp dieser Zeit dar. Er hat eine gute Farbe sowie eine wunderschöne breite und perfekte Rückenflosse, eine schöne Afterflosse und auch die runde Schanzflosse war damals ideal. Heute gilt die Halbmond-Schwanzflosse als ideal und wäre schöner als diese Schwanzflosse.*
Züchter: Peter Göttner
Foto: Göttner

Mitte: *Dieser Fisch ist ein schöner gelber Kampffisch. Die Halbmond-Schwanzflossenform wurde bisher noch nicht in allen Farben gezüchtet. In Gelb wurde zuvor noch kein Halbmond gesehen. Dies ist das beste bis jetzt gezüchtet gelbe Exemplar, zumindest was ist Schwanzflossenform betrifft.*
Züchter: Joel Arnette
Foto: Maurin

Unten: *Dieser Fisch ist ein blau-türkis farbiger Fisch mit Halbmond-Schwanzflosse. Die Rückenflosse ist breit. Die Schwanzflosse, obwohl hier nicht voll gespreizt, ist ein perfekter Halbmond. Auch die Afterflosse ist breit und holt sogar nach vorne aus, sie ist nach dem Amerikanischen Standard der Idealtyp.*
Züchter: Rajiv Masillamoni
Foto: Jevan Prasud

Oben: *Farbe: Kambodscha-Pastell-Stahlblau, mit weißem Rand. Dieser Fisch stammt aus der Linie von Rajiv Masillamoni und ist ein schöner Halbmond. Die Rückenflosse ist schwach, aber die Schwanz- und Afterflossen sind gut.*
Züchter: Mark Maurin
Foto: Jeevan & Beyhan

Mitte: *Farbe: Grün; Form: Doppelschwanz-Halbmond oder auch Vollmond-Betta genannt. Solche Doppelschwanz-Betta, die das Vollmond-Merkmal zeigen, sind nur sehr selten zu sehen. Trotz eines Fehlers, denn die Rückenflosse könnte breiter sein, ist es ein sehr schöner Fisch. Auch der Spalt zwischen den Schwanzflossenlappen verläuft nicht bis zur Schwanzwurzel. Der rote Farbschatten in der Afterflosse wird bei der Beurteilung als Fehler bewertet - also: Ein schöner Fisch mit leichten Fehlern.*
Züchter: Rajiv Masillamoni
Foto: M. Abeywickreme

Unten: *Dieser Fisch ist ein sehr schöner türkisfarbener Kampffisch mit einer gewaltigen Halbmond-Schwanzflosse. Er hat viel Volumen in der Schwanzflosse und ist einer der schönsten Halbmond-Fische in diesem Buch.*
Züchter: Rajiv Masillamoni
Foto: M. Abeywickreme

__Oben:__ Farbe: Blau. Dieser Halbmond-Kampffisch hat eine sehr schöne Rückenflosse, eine schöne Halbmondschanzflosse und eine sehr schöne Afterflosse, die nach vorne neigt. Der Fisch wirkt sehr symmetrisch. Dieser Fisch heißt R 39. Er ist der Stammvater aller Halbmondkampffische des Erstautors und aller Amerikanischen Halbmond-Kampffische.
Züchter: Rajiv Masillamoni
Foto: M. Abeywickreme

__Mitte:__ Ein Multicolor-Halbmond mit grünem Körper und rosaroten Flossen mit weißem Rand. Es ist ein schöner Fisch, besitzt aber trotzdem eine etwas schwache Rückenflosse. Kampffische mit einem schwarzen oder weißen Flossenrand sind eine weitere attraktive Farbvariation.
Züchter: Rajiv Masillamoni
Foto: Ernie Perez

__Unten:__ Ein Halbmond in roter Farbe. Halbmond-Kampffische gibt es nur selten in Rot, meistens sind sie Türkis, Grün, Blau oder Stahlblau, und in Multicolor oder Schmetterling. Weil dies ein Halbmond Rot ist, ist es ein besonderer Fisch. Die Afterflosse dürfte aber etwas länger sein, aber die anderen Flossen sind gut. Er zeigt leichte Farbfehler.
Züchter: Rajiv Masillamoni
Foto: Jevan Prasud

Der Bewertungs-Standard des International Betta Congress für die Kampffische ist sehr umfassend. Dieser Standard ist 160 DIN-A4-Seiten lang und dabei ist der Druck sehr klein. Deshalb kann der Standard hier nur in den wesentlichen Teilen, also stark gekürzt wiedergegeben werden.

Allgemeine Bewertungsrichtlinien:

1. Bei der Bewertung wird $^{1}/_{3}$ der Gewichtung auf den Körper gelegt und $^{2}/_{3}$ auf die Flossen.
2. Die Bewertung ist in vier Teile unterteilt, jeder Teil hat 25 % Anteil an den Bewertungspunkten. Die Teile sind folgende:

a) Dimension - Das beinhaltet Größe, Symmetrie und Proportion.
b) Gestalt - Das beinhaltet Geschlecht, Schwanztyp und Form.
c) Kondition - Der gesundheitliche Zustand des Fischs, Aggressivität, die Bereitschaft die Flossen zu spreizen.
d) Schwimmverhalten - Hier geht es darum, wie gut der Fisch seine Flossen tragen kann und ob durch die Flossen das Schwimmverhalten beeinträchtigt wird.

3. Fehler werden als: a) sehr leichte Fehler, b) leichte Fehler, c) schwere Fehler, d) sehr schwere Fehler und e) disqualifizierende Fehler gewertet. Der Idealfisch ohne Fehler bekommt 100 Punkte, sehr leichte Fehler 91-99, leichte Fehler 60-90, schwere Fehler 30-59 und sehr schwere Fehler 1-29 Punkte.
4. Die minimale Ausstellungsgröße: Der Körper des Fischs muß 1 $^{1}/_{2}$ Zoll oder 3,81 cm betragen.

Die Rückenflosse muß mindestens $^{1}/_{4}$ der Körperlänge betragen und möglichst breit sein. Die Schwanzflosse muß mindestens die Hälfte der Körperlänge betragen und symmetrisch sein (Abbildung s. r.).

Eine „Scheinlinie" durch die Mitte des Körpers teilt in der Fortsetzung nach hinten die Flosse in zwei gleich große Teile. Es werden nur symmetrische Schwanzformen akzeptiert, das heißt Delta-, Halbmond-, Rund-, Spitz- und Doppelschwanz-Typen.

Asymmetrische Formen der Schwanzflossen wie Schleier sind nicht erwünscht (s. S. 71 o. r.).

Die Afterflosse muß die Hälfte der Körperlänge, von der Mitte der Flossenbasis bis zu Hinterflossenspitze betragen. Die Form muß rechteckig sein (s. S. 71 u. r.). Die Bauchflosse muß möglichst breit sein.

5. Der Standard teilt die Fische in fünf Gruppen:

a) Zuchtformfische mit Einzelfarbe,
b) Zuchtformfische mit zwei Farben, auch Bicolor genannt,
c) Zuchtformfische mit einem Farbmuster, mehrfarbig, Schmetterling, marmoriert (auch marble genannt),
d) Wildformfische,
e) Zuchtformfische, spezielle Kategorien/Klassen (z. B. Kämpfer, kurzflossige oder neue Zuchtformen).

6. Zuchtformfische mit Einzelfarbe. Die Klasse wird zuerst in zwei Kategorien geteilt, nämlich die mit a) dunkler Körperfarbe und die mit b) heller Körperfarbe.

Optimale Schwanzflossenformen:

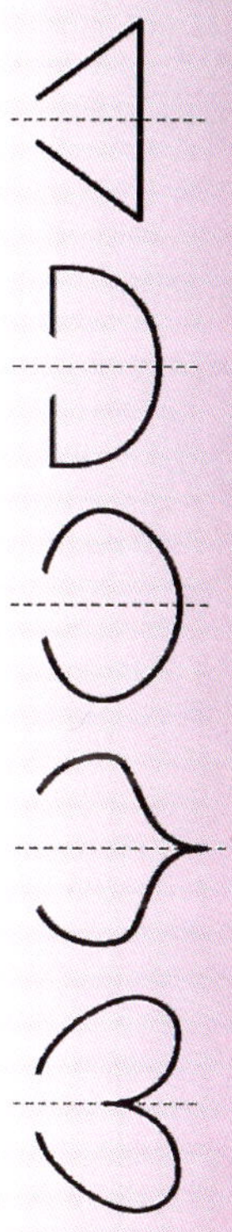

Ein schönes Rosa-Weiß-Schmetterlings-Schleierkampffischmännchen mit Deltaschwanz. Die Kambodscha-Farben sind oft sanfter, das Rot wirkt dann weicher und bei hellen Fischen rosafarbig. Züchter: Marc Maurin Foto: Piednoir

a) Die dunklen Fische werden erneut in zwei Gruppen geteilt, jene mit Glanzfarben und die ohne Glanzfarben (Glanzfarben wirken glänzend oder irisierend und sind dunkelblau, graublau, grün oder türkis). Die Fische ohne Glanzfarben sind rot und schwarz. Bei diesen beiden Farben müssen die noch vorhandenen Glanzfarben soweit zurück gezüchtet sein, daß sie mit dem bloßen Auge kaum oder nicht mehr sichtbar sind. Die Farbe Schwarz wird in zwei Gruppen geteilt: echt oder dunkelschwarz und rauchschwarz. Der ideale rote Fisch muß kirschrot sein.
Die Glanzfarben dürfen kein rot oder schwarz zeigen. Die Glanzfarben sind: Blau, Stahlblau, Türkis und Grün. Blau muß möglichst kräftig sein. Im Stahlblau gibt es zwei Farben: ein blaues Stahlblau und ein silbernes Stahlblau; es wird das Blau-Stahlblau bevorzugt. Das Türkis darf nicht zu sehr ins Blau übergehen; solche Fische wirken fast blau. Im Grün gibt es ebenfalls zwei Farben: echt Grün oder Smaragdgrün mit normalem Grün; es wird ein intensives Grün angestrebt.

Ein Bicolor-Weibchen mit schwarzem Körper mit grünen Glanzschuppen und roten Flossen Foto: Piednoir

b) Bei den einzelfarbenen Fische mit hellem Körper ist ein weiteres Merkmal zu berücksichtigen: das Opac-Merkmal. Dies ist eine Mutation und trägt eine weiße kreideartige Deckfarbe, die wie eine Schicht die Farben am Körper und auf den Flossen überzieht. Die hellen Fische werden in drei Kategorien oder Klassen unterteilt:
a) ohne Glanzfarben, 1) gelb oder 2) durchsichtig,
b) mit Glanzfarben ohne Opac; blau, grün, stahlblau und türkis,
c) mit Opac und Glanzfarben; Opac blau, Opac grün und Opac weiß.

7. Zuchtformfische mit zwei Farben, Bicolor. Diese Fische haben eine Farbe am Körper und eine andere in den Flossen und sind sehr interessant anzuschauen. Die Trennung der Körperfarbe von der Farbe der Flossen muß möglichst einwandfrei sein. Hier werden ebenfalls die hellen und dunklen Fische in zwei Gruppen unterteilt. Genau wie oben wird auch in Fische mit glänzender oder irisierender Farbe und mit oder ohne Opac unterschieden. In diese Gruppe fallen Fische mit dunklem oder schwarzem Körper mit rot, gelb, grün, blau, stahlblau, türkis; oder mit hellem Körper und den gleichen Farben; aber auch Fische mit blauem, grünem oder stahlblauem Körper und roten, gelben oder weißen Flossen.

8. Fische mit Mustern (diese werden nicht nach hell und dunkel unterteilt), sie werden in drei Untergruppen geteilt: a) Schmetterling, b) marmoriert und c) mehrfarbig.

a) Schmetterlinge (Butterfly): Diese Fische zeigen in den Flossen eine Farbteilung in Streifen. Meistens ist die Farbe der Flosse zur Hälfte in einer Farbe und zur zweiten Hälfte in einer anderen Farbe zu sehen. Es gibt aber auch Schmetterlinge, die drei Farben in den Flossen aufweisen. Jede Farbe muß im Idealfall gleichviel Platz einnehmen. Wenn die beiden Farben zum Beispiel rot und weiß sind, dann muß die Hälfte der Flosse rot sein und der Rest weiß. Wenn es zudem rot, grün oder weiß ist, dann darf in jeder Farbe nur ein Drittel der Flosse gefärbt sein.
b) Marmoriert: Hier erscheint die Farbe in Flecken. Nach dem Standard sollte im Idealfall die Hälfte des Körpers und der Flossen diese Muster aufweisen.
c) Mehrfarbig: Dies sind Fische, die mehr als eine Farbe aufweisen und nicht in die Klassen Schmetterling oder Marmoriert passen.

In dieser ganzen Gruppe werden die Fische nicht nach hellen und dunklen Körperfarben getrennt, sondern zusammen bewertet, da hier auf die Muster und nicht auf die Körperfarbe Wert gelegt wird.

9. Wildform: In diese Gruppe gehören auch die Wildformen der anderen Kampffischarten. Jede *Betta*-Art stellt eine eigene Kategorie dar.

10. Zuchtformfische mit spezielle Kategorie. Hier gibt es verschiedene Klassen, zum Beispiel:
a) Neue Farbvariationen: orange, pink oder Muster, oder neue Flossenformen: segelförmige Rückenflosse,

Unerwünschte Schwanzflossenformen:

Optimale Afterflossenform:

Unerwünschte Afterflossenform:

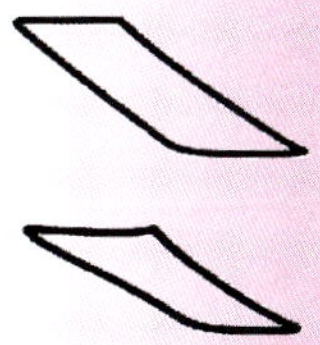

Ein rotes Doppelschwanz-Männchen. Die Körperfarbe ist für einen roten Kampffisch etwas zu hell. Züchter: Mark Maurin Foto: Piednoir

herzförmige Schwanzflosse.

b) Gruppen: Paare oder Trios, also Männchen mit zwei Weibchen.

c) Flossen und Gestalt: Hier wird die Farbe nicht beurteilt, nur die Körperform und die Flossen.

d) Halbmond: Dies ist eine neue Kategorie und gilt für die Halbmond- oder halb kreisförmige Schwanzflosse.

Die IBC-Preisrichter werden jedes Jahr während der ersten Tagung ausgebildet. Diese Tagung findet in jedem Jahr in einer anderen Stadt in Amerika statt. Hier werden die Ausbildungsseminare für Interessenten angeboten, die IBC-Richter werden wollen. Nach der viertägigen Ausbildung muß jeder Teilnehmer eine Theorieprüfung und eine Praxisprüfung (Bewertung der Fische) ablegen. Wer diese Prüfung bestanden hat, muß noch drei weitere internationale Ausstellungen bei einem Preisrichter als Lehrling die Arbeit der Bewertung erlernen. Erst danach ist der Teilnehmer ein Preisrichter, darf aber immer noch nicht richten. Um richten zu dürfen, muß der Anfänger außerdem ein erfolgreicher Züchter sein! Der IBC führt während eines Jahres in der sogenannten Show-Saison zehn bis zwölf Ausstellungen durch. Während jeder Ausstellung sammelt der Aussteller Punkte, die auch in verschiedenen Kategorien erworben werden können. Der 1., 2. und 3. in jeder Klasse werden prämiert, jeweils Männchen und Weibchen separat. Auch jeweils das beste und zweitbeste Männchen und Weibchen der gesamten Ausstellung werden prämiert. Die erteilten Punkte hängen von der Zahl der ausgestellten Fische in jeder Klasse und für die Besten der Ausstellung von der Anzahl der ausgestellten Fische in der Ausstellung ab. Die Juni-Ausstellung ist gleichzeitig die Jahrestagung und die größte; hier kommen Züchter aus den USA, Kanada, Südamerika, Europa und Japan zusammen. Da diese Jahrestagung seit 1967 jedes Jahr stattfindet, werden inzwischen jeweils circa 1500 Betta ausgestellt. Bei den normalen internationalen Ausstellungen in den USA werden 400 bis 600 Kampffische ausgestellt. Jeder „echte" *Betta*-Züchter sollte einmal diese Tagung erleben. Die Atmosphäre ist sehr freundlich und es ist ein Erlebnis, mit über 100 der besten *Betta*-Züchter zusammenzukommen und nur über Kampffische zu diskutieren. Bei der Versteigerung, die am Sonntag, am letzten Tag stattfindet, werden circa 80 % der ausgestellten Fische versteigert. Fische werden zum Preis von 5 bis 250 Dollar verkauft; die Hälfte des Erlöses geht an den IBC (International Betta Congress).

Der ehemalige DDR-Kampffisch-Standard

Kampffisch-Standard
Betta splendens - Schleierform

1. Voraussetzung für die Bewertung
1.1. Die Fische müssen gesund sein.
1.2. Die Länge des Körpers muß mindestens 3,5 cm betragen.

2. Bewertung
2.1. Es wird jeweils ein Männchen bewertet
2.2. Die Bewertung erfolgt durch drei Bewertungsrichter der ZAG entweder im Kollektiv offen oder durch verdeckte Einzelwertung der Richter mit nachfolgender Ermittlung der Durchschnitts.
2.3. Die Bewertung erfolgt nach dem Punktsystem gemäß Punkt 3 dieses Standards. Die Beleuchtung erfolgt dabei in Blickrichtung des Betrachters.
2.4. Die verschiedenen Farbschläge werden in Klassen und Gruppen gemäß Anlage 1 eingeteilt.
Vom Aussteller kann die Einordnung in eine bestimmte Klasse oder Gruppe vorgeschlagen werden. Die Einordnung der Ausstellungstiere in die Bewertungsklassen und -gruppen erfolgt durch die Jury der jeweiligen Bewertungsschau.
2.5. Die Jury kann die Gruppen laut Anlage 1 und 2 bei begründetem Bedarf ergänzen. Neuzüchtungen werden von der Ausstellungsleitung kenntlich gemacht. Die Zuchtform „Doppelschwanz" gemäß Anlage 2 Punkt 6 wird als gesonderte Klasse bewertet. Alle übrigen Flossenformen sind

Dies ist ein alter Standard, der in den 60er bis 80er Jahren auch in Westeuropa Anwendung fand. Der Standard ist hier zum Vergleich abgedruckt.

Die Schleierkampffische nach altem Standard wiesen oft überproportional große Schwanz- und Afterflossen im Verhätnis zur relativ kleinen Rückenflosse auf, obwohl auch diese Fische imposante und attraktive Erscheinungen sind.
Hier ein typischer Kampffisch nach dem DDR-Standard.
Foto: Richter

untereinander gleichberechtigt; seltene Flossenformen werden bei der Bewertung des Gesamteindrucks berücksichtigt.

2.6. Innerhalb aller Gruppen werden jeweils die drei Besten ermittelt.

2.7. Innerhalb der Klassen wird je ein Sieger ermittelt.

2.8. Der Fisch mit der höchsten Punktzahl ist Ausstellungsbester.

3. Punktverteilung

3.1. Temperament bis 15 Punkte

3.2. Farbe bis 25 Punkte

3.3. Beflossung

Die angegebenen Proportionen gelten als Richtwerte. Geringe Abweichungen sind entsprechend der Flossenform laut Anlage 2 zulässig. Fehler werden bei der Beurteilung der jeweiligen Flossen berücksichtigt.

3.3.1. Länge der Rückenflossen,
$^3/_4$ der Körperlänge bis 10 Punkte

3.3.2. Länge der Schwanzflosse,
nahezu Körperlänge bis 10 Punkte

3.3.3. Länge der hinteren Kante der Afterflosse,
nahezu Körperlänge bis 10 Punkte

3.3.4. Länge der Vorderkanten der Bauchflossen,
$^1/_2$ der Körperlänge bis 10 Punkte

3.4. Gesamteindruck

Körperform, Flossenhaltung, Flossenform, Gesamtzustand, Alter, ästhetische Gesamtwirkumg, Schwierigkeitsgrad der Züchtung, Neuheitsgrad bis 20 Punkte

Mögliche Punktzahl 100 Punkte

Anlage 1 Beurteilung und Einteilung der Farben und Formen

Die Farbe soll grundsätzlich regelmäßig verteilt sein. Bei einfarbigen Tieren soll die Farbe gleichmäßig über Körper und Flossen verteilt sein. Bei allen Formen mit bestimmter Farbanordnung oder Zeichnungsmustern soll diese Anordnung regelmäßig ausgebildet sein. Die angegebenen Farben gelten als Gruppen. Innerhalb dieser Gruppen gelten die Farbvarianten gleichberechtigt nebeneinander. Dies gilt insbesondere auch für alle Farbvarianten, die in Analogie zur genetischen Gruppe grün (vv), kräftigblau (Vv) und stumpfblau (VV) stehen. Die Spitzen der Bauchflossen können bei allen Farbschlägen weiß sein.

Klasse 1 Grundfarben

1.1. Rot

1.1.1. Hellrot

1.1.2. Dunkelrot

1.2. Grün

1.3. Blau

1.3.1. Kräftigblau

1.3.2. Stumpfblau

Die Fische sind einheitlich blau, mit stumpf-metallischem Glanz.

1.4. Violett

1.4.1. Violett-grünglänzend

1.4.2. Kräftigviolett

1.4.3. Stumpfviolett

1.5. Schwarz

Die Tiere sind einheitlich matt braun bis fast schwarz, ohne Glanz.

1.5.1. Schwarz (Dunkelbraun)

1.5.2. Braun

Klasse 2 Helle Farben
2.1. Gold
Die Fische sind einheitlich goldgelb gefärbt, mit leicht irisierendem Glanz.
2.1.1. Gold Grünspiegel
2.1.2. Gold Blauspiegel
2.1.3. Gold Spiegel stumpfblau
2.2. Weiß
Die Fische besitzen einheitlich weißes Pigment (keine Reflexionsfarbe). Leicht irisierender Glanz ist zulässig. Die Augen sind dunkel.
2.3. Cellophan
Die Fische sind einheitlich schwach pigmentiert. Die Flossen sind durchscheinend. Es können alle Farben auftreten.
2.4. Pastell
Die Fische haben gegenüber Klasse 1 eine verminderte Farbintensität, die Flossen sind jedoch nicht durchscheinend. Es können alle Farben auftreten.

2.5. Gelb
Die Fische sind einheitlich gelb gefärbt, ohne Glanz.

Klasse 3 Mehrfarbig
3.1. Opalin
Der Körper ist deutlich heller als die Farbe der Flossen. Die Flossen sind kräftig gefärbt. Die Flossenfarbe darf nicht in den Körper verlaufen. Die Flossen dürfen keine Stellen mit geringerer Farbintensität aufweisen und dürfen nicht mehrfarbig sein. Es können alle Farben auftreten.
3.2. Cognac
Die Fische sind einheitlich goldgelb pigmentiert wie 2.1., jedoch mit dunklen Schuppenrändern und intensiverer grüner bzw. blauer Farbüberlagerung. Die Flossen sind einheitlich wie der Körper gefärbt.
3.2.1. Cognac Grünspiegel
3.2.2. Coqnac Blauspiegel
3.2.3. Cognac Spiegel stumpfblau
3.3. Erfurter Blau
Die Tiere entsprechen 3.2., die blaue bzw. grüne Farbe ist jedoch auf dem Körper und den Flossen erheblich intensiver und überdeckt weitgehend die gelbe Grundfarbe. Die Flossen weisen in Körpermähe regelmäßig ausgebildete Bereiche mit überwiegend goldgelber Farbe auf, die in deutlichen Kontrast zur Körperfarbe und den Randzonen der Flossen stehen.
3.3.1. Erfurter Blau Grünspiegel
3.3.2. Erfurter Blau Blauspiegel

Rein weiße Kampffische sind nicht leicht zu züchten, da es sich um empfindliche Fische handelt. Dies sind wirklich Fische von weißer Farbe und keine Albinos, was gut daran zu erkennen ist, daß ihre Augen schwarz und nicht rot sind. Streng genommen handelt es sich bei der hellen Deckfarbe dieser Fische vom chemischen Ursprung der Farbe her gar nicht um ein echtes Weiß, sondern um ein extrem helles Hellblau.
Oben: *Ein Opac-Weiß- Weibchen.*
Unten: *Ein imponierendes Opac-Weiß-Männchen. Diese weiße Farbe ist in Europa nur selten zu sehen.*
Fotos: Schmidt

Opac-Gelb-Weibchen mit Türkis-Flossen. Foto: Richter

3.3.3. Erfurter Blau Spiegel stumpfblau

3.4. Butterfly

Die unpaarigen Flossen haben in etwa gleichmäßigem Abstand vom Körper einen scharf begrenzten übergang zu einer anderen Farbe. Körperfarbe und Farbkombinationen sind beliebig.

Klasse 4 Doppelschwanz

Die Flossen sind gemäß Anlage 2 Punkt 6 ausgebildet. Die Farben entsprechend Anlage 1 gelten gleichberechtigt nebeneinander.

Anlage 2 Flossenformen

1. Fahnenschwanz

Der Schwanz ist flächig ausgebildet, dabei langgestreckt. Die Flossenstrahlen treten nicht ganz kreisförmig aus der Schwanzwurzel aus. Die Flossenstrahlen verlaufen nach dem Austritt aus der Schwanzwurzel nahezu parallel bis zum Schwanzende. Er kann

Ein schönes Türkis-Männchen, aber mit zu schmaler Rückenflosse. Züchter: M. Maurin Fotos: Piednoir

Ein Kampffischhändler in seiner Marktbude in Bangkok. Die Fische in Thailand werden nach anderen Kriterien gezüchtet als bei uns. Foto: Piednoir

leicht nach unten hängen, muß jedoch auch im hinteren Teil noch deutlich getragen werden.

2. Rundschwanz
   Die Ober- und Unterkante des Schwanzes schließen beim Austritt aus der Schwanzwurzel einen Halbkreis ein. Die äußeren Flossenstrahlen laufen bogenförmig nach hinten weiter und schließen einen Kreis oder eine Ellipse ein.
3. Spitzschwanz
   Der Austritt aus der Schwanzwurzel kann der unter 1. oder 2. genannten Form entsprechen. Die äußeren Flossenstrahlen laufen hinten zusammen und bilden eine Spitze.
4. Fächerschwanz
   Die Flossenstrahlen laufen radial auseinander Ober- und Unterkante sind nicht parallel können leicht gerundet sein aber nicht kreisförmig Die Hinterkante ist gegenüber Ober- und Unterkante deutlich abgesetzt.
5. Fransenschleier
   Die Form entspricht der von 1., 2. oder 4., jedoch ist die Hinterkante nicht glattrandig, sondern die Flossenstrahlen überragen die Zwischenhäutchen. Die Außenkanten von Rücken- und Afterflosse sind entsprechend ausgebildet.
6. Doppelschwanz
   Es sind übereinanderliegend zwei vollständige Schwanzflossen angeordnet. Die Form beider Teile soll möglichst gleich sein. Sie kann einer der Punkte 1. bis 5. entsprechen. Die Rückenflosse hat die doppelte Anzahl Strahlen und ist dadurch doppelt so breit wie eine Normalflosse.
7. Rückenflosse
   Die Rückenflosse soll aufrecht getragen werden. Die Form kann sowohl langgestreckt schmal sichelförmig oder flächig ausgebildet sein. Die Flossenstrahlen können die Zwischenhäutchen überragen.

(Standard vom April 1989 Kulturbund der DDR, Zentraler Fachausschuß Aquaristik, Zentrale Arbeitsgruppe Labyrinthfische. Zit. n. Helfried DIETRICH)

Schlußbemerkungen

***Oben:** Farbe: Marble- oder marmoriert Grün-Weiß. Züchter: Cyril Bensaid Foto: Jeevan & Beyhan*

DiePflege und Zucht von Kampffischen ist ein wunderschönes Hobby. Wir hoffen, Sie - liebe Leser - davon überzeugt zu haben, daß es sich wirklich lohnt, den notwendigen Aufwand bei der Zucht dieser prächtigen Flossenträger zu betreiben.

***Mitte:** Farbe: Marble-Rot und Klar, ein sehr schöner und seltener Halbmond-Marble. Im Idealfall würden je 50 % des Körpers und der Flossenfläche das Marble-Muster aufweisen. Züchter: Jean-Michele Jennevet Foto: Jeevan & Beyhan*

Die Zucht schöner Kampffische der unterschiedlichsten Zuchtformen ist ein interessantes Hobby, für das aber auch ein gewisser Zeitaufwand eingeplant werden muß. Denn unanbhängig davon, ob es sich um solche - hier gezeigte - Marble-Kampffische handelt oder um andere, möglicherweise auch ganz einfache Formen, immer muß der Wasserqualität eine angemessene Aufmerksamkeit geschenkt werden, damit die Fische sich wohl fühlen und natürlich auch damit sich ihr Flossenschmuck in der gewünschten Weise entwickeln kann.

Wenn sich dann noch die erstrebten Zuchterfolge einstellen, dann wird die Aquarienanlage schnell an Umfang zunehmen. Damit wächst dann selbstverständlich auch der erforderliche Arbeitsaufwand. Und es soll ja auch noch genügend Zeit übrig bleiben, unsere prächtigen Pfleglinge auch beobachten zu können, denn das ist ja das Hauptziel unseres Hobbys. Dies bereitet allerdings viel Freude und deshalb sind auch die meisten Aquarianer gerne bereit, diese wenigen kleinen Nachteile für die erfolgreiche Aquarienfischzucht inkauf zu nehmen.

Literatur

AHL, E. 1936. Über die Kampffische der Gattung *Betta*. Wochenschrift für Aquarien- und Terrarienkunde 33, 241-245.

BLEEKER, P. 1850. Bijdrage tot de kennis der ichthyologische fauna van Midden- en Oost-Java, met beschrijving van eenige niweuwe species. Verh. Bat. Gen. 23(12), 1-23.

DIETRICH, H. 1982. Neue Farben bei *Betta splendens*. Aquarien Terrarien 29(11), 384-386, 396.

DIETRICH, H. 1983. Kampffischstandards und Bewertung in den USA. Arb. d. ZAG Labyrinthfische (2), 13-15.

DIETRICH, H. 1990. Standard Kampffisch, *Betta splendens* -Schleierform. Der Makropode 12(8), 152-155.

GANZER, J., SCHMIDTMAYER, J. & LAUDIEN, H. 1984. Das Kampfverhalten der Männchen von *Betta splendens* REGAN (Pisces, Belontiidae) - eine etho-physiologische Studie. Fortschritte der Verhaltensforschung, Beihefte zur Zeitschrift für Tierpsychologie 26, 105 S.

GONELLA, H. & MASILLAMONI, R. 1997. Ratgeber Kampffische. Ruhmannsfelden.

LADIGES, W. 1972. *Betta splendens* REGAN, der glänzende Kämpfer. DATZ 25(4), 112-113.

.LINKE, H. 1983. Der natürliche Lebensraum des Kampffisches *Betta splendens*. TI. 18, Nr. 63, 15-19.

LINKE, H. 1996. Der „glänzende" Kämpfer hat nur eine kleine Heimat. Betta News (2), 2-5.

LUCAS, G. A. 1979-1997. BETTAS... AND MORE. Freshwater and Marine Aquarium

MASILLAMONI, R. 1995. Die Entwicklung der heutigen Zuchtformen von *Betta splendens*, REGAN, 1909. aquaria (4), 30-32.

MASILLAMONI, R. 1995. Die Vermehrung unter Berücksichtigung des Genotyps. Betta splendens (IBSC), 6-11.

MAURIN, M. & SCHMIDT, J. 1997. *Betta*. Flossen und Farben. Aquarium *live* 1(1), 26-33.

NANN, O.-M. 1981. Das Labyrinther-Portrait Nr. 1. *Betta splendens* REGAN 1909. Der Makropode 3, o.S.

NANN, O.-M. & SCHMIDT, J. 1992. Das neue Labyrinthfischportrait Nr. 1 *Betta splendens* REGAN, 1910. Der Makropode 14(11/12), 101-105.

REGAN, C. T. 1910. The Asiatic Fishes of the Family Anabantidae. Proceedings of the Zoological Society of London 53(4), 767-787.

RICHTER, H.-J. 1981. Ein neuer Farbschlag - der Gelbe Schleierkampffisch. aquarien magazin 15(1), 7-9.

SCHALLER, D. & KOTTELAT, M. 1991. Überlebensstrategien und Verbreitung von *Betta splendens*, *B. imbellis* und *B. smaragdina*. DATZ 44(7), 448-451.

SCHMIDT, J. 1996. Vergleichende Untersuchungen zum Fortpflanzungsverhalten der *Betta*-Arten (Belontiidae, Anabantoidei). Solingen.

SCHMIDT, J. 1998. Labyrinthfische - Die Aquarienfische der ersten Stunde. Aquarium *live* 2(1), 58-65.

VIERKE, J. 1972. Kampffische - ihr Laich- und Brutpflegeverhalten. aquarien magazin 6(8), 346-351.

VIERKE, J. 1984. Wenig Bekanntes und Neues über Kampffische *Betta splendens*. aquarien magazin 18(10), 464-467.

Zu den Fotos links: *Ausstellungen mit prächtigen Schleierkampffischen werden vor allem in der Schweiz und in Frankreich durchgeführt. Aber auch in Deutschland finden hin und wieder solche Ausstellungen statt. Dort schwimmen die Fische dann in solchen Miniaquarien, die ihren Ansprüchen für kurze Zeit völlig gerecht werden. Vielleicht treffen wir uns ja einmal zu solch einem Anlaß?*